AF317453

LIVRE

DES

PÉLERINS POLONAIS.

SE TROUVE A LYON :

Chez Sauvignet, grande rue Mercière.

A BRUXELLES :

Louis Haumann et Comp.

IMPRIMERIE ET FONDERIE DE A. PINARD,
quai Voltaire, 15, à Paris.

LIVRE

DES

PÉLERINS

POLONAIS,

TRADUIT DU POLONAIS

D'ADAM MICKIEWICZ

PAR

le Comte Ch. de Montalembert;

SUIVI D'UN

HYMNE A LA POLOGNE,

PAR F. DE LA MENNAIS.

PARIS.

EUGÈNE RENDUEL,

rue des Grands-Augustins, 22.

—

1833.

AVANT-PROPOS

DU TRADUCTEUR.

Le travail que nous offrons ici aux amis de la Pologne, est l'œuvre d'un poète depuis long-temps célèbre dans son pays. Encore peu connu dans le nôtre, il nous semble devoir l'être de plus en plus, à mesure que se développera dans les ames françaises le sentiment des principes vraiment régénérateurs, à mesure que se resserreront les liens qui doivent unir à jamais les deux immortelles amies, la nation victime et la nation vengeresse.

Adam Mickiewicz a connu bien jeune la gloire avec la persécution, sa noble suivante. Compris par le gouvernement russe dans la proscription qui frappa en 1823 l'université de Wilna [1], il fut long-temps emprisonné, puis exilé au fond de la Russie, d'où il vint à bout d'aller passer quelque temps en Crimée.

Ce beau ciel du midi, cette nature orientale qui a le privilége de doubler les forces de l'imagination et du cœur, ne servit qu'à rendre plus intense en lui l'amour de sa morne et désolée patrie. Ses *Sonnets de Crimée*, étince-lans de patriotisme et de poésie, ont déjà été traduits en français, ainsi que *Konrad Wallenrod*, poëme historique dont le sujet est emprunté aux guerres de la Lithuanie contre ses oppresseurs Teutoniques, et qui offrait un symbole

[1] Parmi les mesures vraiment infernales conçues par Nowosilcoff, et adoptées par l'empereur Alexandre, pour étouffer ce foyer de nationalité, on remarque la disposition par laquelle il était interdit à un certain nombre d'enfans de recevoir *aucune éducation ultérieure, publique* ou PARTICULIERE.

voilé mais vivant des cruelles destinées
de la patrie Polonaise depuis le crime
du partage. La popularité dont jouit ce
poëme dans tous les pays de race slave,
en a fait comme une sorte d'épopée nationale.

Bientôt une traduction complète de ses
œuvres, en nous faisant connaître ses *Bal-
lades*, la narration touchante et nationale
de *Grazyna*, les *Dziady*, etc., nous ini-
tiera à tous les autres développemens
de cette ame si profondément poétique.

Lorsque la révolution de Juillet eut
éclaté, dans l'intervalle qui s'écoula entre les gloires de Paris et celles de Varsovie, il composa une élégie à *une mère
Polonaise*, où, en déplorant le sort qu'il
croyait encore réservé pour long-temps
aux fils de sa patrie, il nous paraît avoir
ébranlé les fibres les plus vitales du cœur
de l'homme et du patriote.

Novembre vint après Juillet. La Pologne donna à l'Europe stupéfaite et désolée le spectacle le plus sublime des temps modernes; dix mois d'une gloire sans pareille furent couronnés par un martyre qui dure encore.

Depuis lors, l'ame de Mickiewicz, mariée aux destinées de sa patrie, semble avoir grandi comme son infortune. La traduction dont nous venons de parler nous révèlera cet admirable drame des *Dziady*, ou de la *Fête des Morts*, dont une partie, composée depuis la dernière catastrophe, est destinée à dérober à l'oubli cette persécution de Wilna dont il avait été lui-même une des victimes. Il l'a dédiée à la mémoire de ceux d'entre ses amis qui, moins heureux que lui, et perdus au milieu des glaces moscovites, ont péri dans la prison ou l'exil. Nous ne connaissons rien, dans la littérature moderne, de supérieur à cette œuvre où un génie à la fois si catholique et si national a parcouru tout le domaine de la poésie, depuis l'amère et vindicative énergie de la satire, jusqu'à une piété tellement ardente et tellement exaltée, qu'on la dirait empruntée aux légendes de la primitive église, ou aux concerts des esprits célestes.

Mais en même temps, toujours guidé par sa douleur et son patriotisme, il n'a pas craint d'aborder les plus vastes problèmes de l'avenir religieux et social de l'humanité, et leur solution ne lui a pas échappé. Il a sondé les plus douloureuses plaies de la société moderne, et nous croyons qu'il en a deviné le remède; il est entré encore plus avant dans le sein d'une religion positive et universelle, et il ne se contriste plus comme ceux qui n'ont pas d'espérance.

Le *Livre des Pèlerins Polonais* est la première révélation de cette nouvelle direction de son esprit; il y abdique les formes et le prestige de la poésie, pour y exposer à ses compatriotes, en prose biblique et populaire, l'éminente mission que le créateur a, selon lui, assignée à la Pologne dans le passé comme dans l'avenir de l'Europe. Il leur prêche la sanctification de leur auguste infortune par une humble et implicite confiance dans la miséricorde divine, par l'union la plus absolue, par l'absence de toute récrimination sur le passé, et de toute participation aux vaines et éphémères luttes de la politique du jour, enfin par une foi impérissable au triomphe de la cause du droit et de la liberté. Et ce n'est pas là tout; car jamais, à ce qu'il nous paraît, on n'a dévoilé d'une main plus hardie et plus sûre les destinées qui attendent toute l'organisation politique et sociale de nos jours, en dehors de toute question de

nationalité ou de parti. Son imagination poétique s'est retrouvée au sein
du symbolisme aussi national qu'évan-
gélique dont il s'est servi pour mettre
son œuvre à la portée des esprits les plus
simples, quant à la forme, comme il
l'avait placée quant au fond au niveau
des plus hautes pensées qui aient ho-
noré l'humanité. Il s'est prévalu, pour
arriver à ce but, de la langue biblique
qui a été stabilisée et popularisée en Pologne, comme en Allemagne et en Angleterre, par les traductions des Saintes
Écritures faites à la fin du XVIᵉ siècle.

Cette langue qui offre de si innombra-
bles ressources en grace, en naïveté et
en énergie, et qui, gravée dans les
souvenirs d'enfance de l'homme le plus
illettré, fournit à toute sa vie une iné-
puisable poésie, cette langue manque à
la France, comme chacun sait. Il n'en
pouvait être autrement, puisqu'elle n'a

jamais eu de version de la Bible qui fût d'abord digne de l'original, et ensuite empreinte du caractère d'une époque où l'idiôme national n'eût pas encore été envahi par les exigences du goût classique et courtisan. Le devoir du traducteur n'en a pas moins été de reproduire avec une scrupuleuse fidélité non seulement la pensée de l'auteur, mais encore la forme dont il l'a revêtue, parce que cette forme est essentiellement polonaise. C'est ce que nous avons fait, au risque de blesser souvent les habitudes de notre langue, et d'employer des expressions qu'on pourra accuser de trivialité et d'inélégance. Nous pourrions nous occuper de répondre en détail à ces objections, si notre traduction avait la prétention d'être une œuvre littéraire; mais nous ne voulons en faire qu'un témoignage d'ardente sympathie pour l'auteur et pour sa patrie; d'où il suit que de nous identifier le plus complétement possible avec lui, a été pour nous un besoin avant même d'être un devoir.

Peut-être nous fera-t-on un reproche plus grave; celui d'avoir appelé l'attention du public français sur une production uniquement destinée à des Polonais, et empreinte d'un esprit étranger à la plupart des spéculations de notre temps. Peu de personnes, nous ne pouvons nous le dissimuler, seront disposées à adopter toutes les idées de cet ouvrage; et ce petit nombre même s'effraiera peut-être du cachet de nationalité un peu trop exclusive peut-être qui les caractérise, et de la spécialité absolue de leur destination. Nous espérons, toutefois, que la réflexion dissipera cette prévention, et qu'on se convaincra facilement que les idées dominantes de cet ouvrage ont une application plus générale qu'on ne le croirait d'abord, qu'elles s'adaptent même assez clairement à la position de la France et de l'Europe, comme aussi à toutes les grandes questions qui occupent les intelligences consciencieuses de nos jours. Peut-être y a-t-il plus d'exilés qu'on ne pense dans la société moderne; peut-être renferme-t-elle bien des pélerins qui cheminent douloureusement vers un ténébreux avenir; bien des ames bannies, après de durs combats, de leur jeune enthousiasme, de leur vieille foi, de leurs plus honorables affections, de leurs plus légitimes espérances, et qui cherchent d'un pas mal assuré un refuge inconnu. C'est à ces ames tristes et pures que nous offrons le *Livre des Pélerins Polonais* : le deuil de leur exil n'est pas tempéré par l'éclat de la gloire, mais peut-être ont-elles déjà assez souffert pour se résigner à suivre dans leur pélerinage les mêmes anges qui ont guidé notre poète.

Et ne dussent-elles même n'y trouver

aucun adoucissement à leurs souffrances, elles ne refuseront pas de rendre avec nous un dernier hommage à l'auguste infortunée que nous avons tant aimée.

Elles savent que l'on peut oublier ce qu'on a aimé quand la prospérité vient justifier cet oubli; mais que l'oublier dans l'abandon et la détresse, c'est l'œuvre des lâches. Elles savent que les affections des peuples sont de courte durée, comme leur vie; mais qu'ils ont toujours béni les ames qui restent long-temps fidèles à une cause malheureuse, à une gloire méconnue.

Cette fidélité, nous ne nous lasserons pas de la demander pour une cause qui a conquis déjà les plus nobles sympathies de notre pays, mais qui ne doit pas les fatiguer. Quand même elle ne serait pas indissolublement liée à la cause de l'hu-manité, et, par conséquent, immortelle comme elle, les infernales cruautés de

Nicolas, et les bassesses inouies du gouvernement français la rajeuniraient à l'envi. Nous nous sentons poussés à en parler sans cesse dans cette France dont la mémoire est si courte, où les flots d'un vaste oubli viennent ensevelir successivement tout ce qui s'élève au dessus des chétives passions du jour et de la mesquine attente du lendemain ; où l'on est si clément pour le crime et la perfidie, pourvu qu'elles datent d'hier ; où les déceptions les plus honteuses ne perdent rien de leur effet à être dévoilées, pourvu qu'elles aient commencé par réussir. On a accusé le peuple français d'oubli et d'ingratitude envers ses bienfaiteurs. Nous n'en savons rien ; car nous, nous n'avons jamais connu de ces bienfaiteurs-là. Mais ce que nous savons, c'est que de tous les peuples, c'est lui qui pardonne le plus vite à ceux qui l'oppriment, le trahissent et le déshonorent, et que c'est à peine si aujourd'hui toutes les douleurs, toutes les injures de la patrie et de l'humanité ont conservé une place ailleurs que dans quelques mémoires tenaces et quelques ames ulcérées, comme la nôtre.

De toutes ces injures, de toutes ces douleurs, nous n'en connaissons qu'une seule plus cruelle que celle de la Pologne; c'est l'ignominie que font subir à la France, à l'occasion de cette même Pologne, les tristes êtres qui la gouvernent, ignominie qui s'accroît chaque jour. Il ne suffisait donc pas de l'avoir misérablement abandonnée ; d'avoir répudié cette solidarité de gloire et de liberté qu'elle voulait fonder au prix de tout son sang ; d'avoir répondu à son appel et à ses plaintes par ces paroles flétries : *La Pologne est destinée à périr* [1].... *Cha-*

---

[1] M. Sébastiani.

cun pour soi et chez soi [1] ; d'avoir mystifié royalement tout le peuple de Paris rassemblé en armes pour célébrer le premier anniversaire de sa propre victoire, et de venir ensuite proclamer sur le tombeau de la Pologne, pour toute oraison funèbre, *que l'ordre régnait à Varsovie !* Tout cela ne suffisait donc pas, puisque les mêmes hommes veulent encore nous rendre complices du plus grand attentat de l'histoire, et s'acharner, au nom de la France, sur les débris d'un peuple martyr. N'y a-t-il pas quelque chose de plus odieux dans la conduite de ce qu'on appelle le gouvernement français à l'égard des réfugiés Polonais, que dans celle de la Russie elle-même à l'égard de ses victimes ? La lâcheté et la bassesse n'ont-elles pas toujours été plus méprisées, plus

[1] M. Dupin.

haïes des nations que la vengeance même la plus sanguinaire ? Comment effacerons-nous de notre histoire les pages honteuses que nous y laissons écrire ? cette scène de l'île d'Aix qui devrait peser sur toutes les conscien- ces françaises, comme un remords ; cette pieuse et vaillante jeunesse ex- clue de tous les lieux où l'étude et l'ins- truction pourraient la consoler ; ces gé- néraux blanchis sous les drapeaux fran- çais, et réduits à une pitance insultante[1] ; le plus illustre domicile de France violé parce qu'il était l'asile d'un homme pro- tégé par la double consécration de la science et du malheur ; le *Moniteur* de-

[1] Les généraux Sierawski et Malachowski, tous deux septuagénaires, et le premier père de six enfans, ont conduit leurs frères d'armes à Saint-Domingue sous le consulat, pour les intérêts de la France ; depuis, ayant repris les armes pour l'indépendance de leur pays, et proscrits par le tyran, ils reçoivent, de la *générosité nationale*, trois francs par jour.

venu le registre officiel des proscriptions et des confiscations ordonnées par Nicolas ; un ministre des affaires étrangères se vantant effrontément à la tribune de sa bonne intelligence avec cet homme qui ne daigne pas même recevoir nos ambassadeurs ; l'exil, cette chose si sacrée pour tous les peuples, transformé chez nous en délit ; des guerriers dont le nom ne périra jamais dans la mémoire des hommes, surveillés comme de lâches criminels, gratifiés de la déportation sous un ciel brûlant comme d'une protection spéciale, et de la honte des attouchemens de la police en guise d'aumône, soumis à la ration et au traitement des forçats libérés, et parqués, eux, les glorieux échappés du bagne moscovite, parqués et espionnés comme s'ils venaient d'achever une peine aux galères de l'état ! Et ce n'est pas tout encore ; car tandis que cinq mille malheureux soldats, retenus en

Prusse, s'écrient : *La France ou la mort !* tandis que les populations françaises comprennent et manifestent de toutes parts le culte que leur inspirent ces sacrés Confesseurs de la liberté et de la justice ; tandis que toute l'Europe gémit sur ce malheur immense, et nous en rend responsables, une chambre française est venue s'associer par d'indécentes acclamations, par d'atroces plaisanteries, au brutal et cynique égoïsme de son président, et décréter la mise hors la loi contre des hommes proscrits et expatriés pour avoir obéi aux plus saintes lois de Dieu et de l'humanité.

Qu'avons-nous fait de cet antique honneur, de cette générosité, de cette délicatesse, qui nous rendaient naguère célèbres parmi les nations ? Faudra-t-il donc rougir en comparant nos temps actuels à ceux de la monarchie absolue ? Quel honteux contraste entre l'accueil fait aujourd'hui à un peuple qui a vu périr quatre-vingt-douze mille de ses enfans sur nos propres champs de bataille, et celui que fit Louis XIV aux réfugiés Irlandais à qui la France ne devait rien, si ce n'est cette noble et tendre sympathie que les grandes nations doivent et paient toujours aux grandes infortunes ! Ne sommes-nous pas tombés plus bas même que sous Louis XV, qui envoyait au moins quinze cents hommes à la Pologne, et qui regrettait Choiseul à cause d'elle ? Il est vrai que ces rois absolus ne prétendaient pas régner par le vœu national, et ne se donnaient pas, à ce que nous sachions, pour les modèles des pères de famille ; il est vrai que leurs ministres ne venaient pas, avec mille simagrées, raconter solennellement à la nation que c'était elle qui voulait et exigeait son propre avilissement. Aujourd'hui nous avons pour partage le comble de la dérision à côté du comble de l'ignominie. C'est au point que si l'étranger ou la postérité pouvaient soupçonner la France de complicité avec les hommes qui prostituent son nom aux exigences du Czar, elle serait tombée au dernier degré de la honte : oui, au dernier ; car il y a toujours eu, dans l'estime des peuples, quelqu'un au dessous même du bourreau : c'est son valet.

Mais ce n'est point là le rôle de la France ; son noble front n'est point fait pour subir long-temps une tache aussi livide : l'humanité le sait, et sa pitié pour nous l'emporte sans doute sur ses justes ressentimens. Cette honte insigne retombera tout entière sur les lâches qui ont tenté de déshonorer notre révolution pour la mieux confisquer à leur profit. Toutefois, jusqu'à ce que la France réveillée en fasse bonne et sûre justice, il est du devoir de chaque Français qui apprécie sa propre dignité , de protester contre leur crime , de protester partout et toujours, tantôt par une plainte, tantôt par une âpre censure , comme nous protestons aujourd'hui. Chacun a le droit de suppléer par la franchise et l'énergie de son indignation , au silence que commandent aux réfugiés leur générosité ou leur prudence. Chacun a le droit de parler pour ne pas étouffer d'horreur et de honte. Chacun a le droit de dérober son nom obscur à une aussi célèbre infamie.

Du reste, ce n'est pas seulement contre le pouvoir et ses satellites, qu'on est contraint souvent de plaider pour la cause polonaise. En dehors même de son impure atmosphère n'entend-on pas chaque jour des voix qui reprochent à la Pologne son insurrection , et qui lui pardonnent à peine son martyre, parce que l'une a été intempestive et l'autre

sans résultats ? Comme s'il fallait demander aux résultats la justification de
tout ce qu'il y a de vital et de pur dans
le cœur d'une nation ; comme s'il y
avait un temps spécial pour le triomphe
du sentiment éternel de la justice opprimée ! Ce serait certes le cas de rappeler
le serment de Démosthène, lorsqu'il jurait par les mânes de ceux qui avaient
vaincu à Salamine, qu'on avait bien fait
de combattre à Chéronée. Les grandes
ames, les grandes nations ont toujours jugé de même ; elles ont toujours proclamé
qu'en présence d'un crime à venger,
d'une injustice à réparer, d'un droit à
reconquérir, le suprême honneur était
pour ceux qui se dévouaient sans calcul
et qui marchaient au combat en voilant
la statue du destin. C'est que les résultats ne dépendent que des circonstances, et que l'effort, la volonté seule
dépend de l'homme ; il ne doit compte

ni à Dieu, ni à ses descendans des circonstances ; il ne leur doit compte que de sa conscience et de son honneur. Nous savons qu'on a tenté d'ériger en doctrine philosophique cette union nécessaire de la justice et de la victoire ; nous savons qu'elle a été instillée du haut des chaires académiques dans l'ame de la jeunesse, et que parmi nos grands politiques du jour elle trouve sans cesse des échos plus ou moins courageux ; c'est pour cela même que nous éprouvons un impérieux besoin de protester contre cette apothéose de la force, contre ce démenti insolent donné à l'instinct et à la conscience des races humaines. Qui ne serait tenté au contraire de répudier la victoire et ses sentences, de la mépriser même, aujourd'hui où toutes les causes qu'elle couronne sont méprisables, où, si par hasard, et comme par oubli d'elle-même, elle plane pendant trois jours sur une cause noble et juste, c'est pour la faire conduire solennellement au tombeau, et couvrir par un roi et deux chambres du linceul de la honte. Oui, il faut la mépriser au siècle où nous sommes, car partout, sauf dans la pauvre et récente Belgique, elle a consacré le triomphe de la force sur le droit, partout en son nom une inénarrable oppression a pesé sur les peuples, partout le lâche a trôné sur le brave, le plus vil sur le plus noble, le cœur esclave sur le cœur libre, et l'on a vu, grace à elle, s'accroupir, comme des vampires sur leur proie, la Russie sur la Pologne, la Prusse sur le Rhin, la diète de Francfort sur l'Allemagne, l'Angleterre sur l'Irlande, l'Autriche sur l'Italie, et le juste-milieu sur la France.

Or, lorsque, dans un siècle pareil, une nation se décide à faire de ses chaînes un glaive, et qu'elle l'aiguise sur la tombe insultée de ses pères; quand elle s'appuie sur la croix du Christ pour mourir dans sa simplicité; quand elle marche au combat avec des hymnes de deuil pour la terre et d'espérance pour le ciel, alors le genre humain tout entier se réjouit, car il sent que son honneur est sauvé : alors nul ne songe au succès; mais le cœur de l'homme bondit dans sa poitrine, et il est fier de sentir dans ses veines un sang qui est rouge comme le sang que prodiguent ses frères, et qui pourra couler un jour comme le leur pour laver les souillures de la patrie.

Bien des peuples, grace à Dieu, se sont ainsi armés pour la liberté; bien des peuples ont péri pour elle. Pourquoi la Pologne a-t-elle donc la première place dans notre admiration, dans notre sympathie, dans nos douleurs? C'est que deux titres incontestables la lui méritent : c'est que jamais peuple n'a donné à son insurrection une consécration aussi religieuse et aussi pure, et que jamais peuple n'a payé si cher le prix de son dévouement et de sa noble confiance en Dieu et dans le genre humain. Sa foi fervente et naïve aux jours du combat, ses souffrances inouies depuis le jour de sa défaite, tels sont ses droits à notre amour suprême. Comme dans certains pays les vierges qui se consacrent au Seigneur, Dieu lui a posé sur la tête deux couronnes : la couronne de foi et d'innocence, qui est celle de ses épouses sacrées ; et la couronne d'épines qui fut la sienne.

Pour nous, la Pologne, au milieu des misères de notre égoïsme et de notre incrédulité, nous a paru comme une vision lumineuse de ce que pouvait encore même aujourd'hui la race humaine, ranimée par l'esprit de Dieu et vivifiée par la foi. Là, tout ce qu'il y a eu de chevaleresque et de saint au moyen âge, s'est allié avec tout ce qu'il y a de progressif et de vivace dans le nôtre : là toutes les richesses du passé ont été déterrées et prodiguées de nouveau pour la cause de l'avenir. Le catholicisme, ce vieux dominateur des nations, doit à la Pologne la plus belle page de son histoire, avec celles où il a enregistré les gloires des croisades et de la vendée. Dans cette famille où toutes les branches les plus éloignées sont unies par une fraternité éternelle, les générations se raconteront à travers les âges les actes merveilleux des martyrs polonais au dix-neuvième siècle. Elles s'inclineront avec amour devant cet esprit de foi et de piété qui s'est emparé de tout ce peuple comme d'un seul homme, et qui a éclaté dans chacune de ses actions, dans chacune de ses paroles : elles s'enorgueilliront de ses actes publics et officiels, si ouvertement et si complétement chrétiens, tels que ce manifeste national rédigé et signé par un évêque, et cette proclamation pour ordonner la levée en masse, glorieux témoignage de ce qu'a été la vie publique des prêtres polonais[1]:

[1] En date du 1er juillet 1831. On y remarque le passage suivant : « Ministres de Jésus-Christ, prêtres de notre foi, vous qui savez quels sont les sentimens qui nous animent, et que nous combattons pour la religion et pour la vertu aussi bien que pour la patrie, ne cessez pas de supplier l'Eternel en notre faveur ; demandez-lui qu'il nous anime d'une sainte ardeur, qu'il fasse renaître dans nos cœurs le feu des premiers chrétiens ! Suivez votre troupeau, et, au nom de l'Evangile, conduisez-le à la défense de tout ce que l'homme a de plus cher ici-bas. Abandonnez pour un moment les églises ; suivez les populations partout où les conduira la nécessité du combat ; campez avec eux au milieu des forêts et des champs ; consolez-y les malheureux qui pleureront les pertes récentes, et affermissez-les par le secours de la parole divine ; en un mot, prêtres du Seigneur ! faites comme vous avez toujours fait jusqu'ici, priez, souffrez, combattez et mourez avec votre peuple ! »

elles n'oublieront aucune des manifes-
tations individuelles de dévotion entre-
mêlées au courage et au patriotisme ; ni
ces chantres inspirés, comme celui que
nous révélons aujourd'hui à la France,
par la plus tendre piété, en même temps
que par les traditions les plus chères
de la nationalité ¹ ; ni ces jeunes guerriers, intrépides et pieux comme des
croisés, et que la seule pudeur de l'ami-
tié nous empêche de nommer ; ni ce
Julien Malachowski, mourant la faux
à la main avec ce cri : *Quiconque croit
en Dieu ne craint pas l'homme* ; ni surtout ce Skrzynecki, généralissime d'une
armée libérale avec le scapulaire sur la
poitrine, fêtant les jours saints par des

______

¹ Tels sont, outre Mickiewicz, Zaleski, Garczynski,
Antoine Gorecki. Voyez l'hymne de ce dernier *pendant
l'assaut de Varsovie*, et celle pour *les obsèques des guerriers morts en combattant*, où il implore la miséricorde
divine pour les Rois qui ont perdu leur âme en op-
primant la Pologne et le monde.

victoires [1], terminant ses bulletins par une pensée pour Dieu et les ames des morts, publiant des proclamations[2] qu'on croirait empruntées aux livres des Machabées, mettant à l'ordre du jour de son armée des exhortations et des prières qu'auraient pu lui léguer Godefroi ou Saint-Louis[3]. Elles diront ensuite cet accord sublime du clergé et du peuple,

[1] Il a gagné les victoires de Waver le mercredi-saint, et celle de Dembewielkie le jeudi-saint, anniversaire du jour où éclata, trente-sept ans auparavant, le soulèvement de Wilna sous Jasinski, et celui de Varsovie sous le cordonnier Kilinski, qui alla soigneusement se confesser la veille pour compter avec sa conscience et s'assurer la protection de Dieu dans cette affaire, comme il le dit dans ses mémoires. — Voyez le touchant article du *Courrier de Varsovie*, du 1er avril 1831, au sujet de ces anniversaires.

[2] Voyez surtout celle du 21 mai 1831, au moment où l'armée entrait en Lithuanie, qui finit par ces mots : « Vive la liberté sous la protection de la religion et des lois ! Vive la Pologne sous la protection de Dieu ! »

[3] Voyez l'ordre du jour du 10 juillet : « Animés de l'esprit du christianisme, ô mes chevaliers, etc. »; et la prière : « Dieu, créateur de l'univers, dans tes mains gît la destinée des nations, etc. »

*⁎⁎⁎

ou plutôt cet échange où l'un semble rendre en dévouement énergique tout ce que l'autre dépense en naïve et confiante piété ; elles diront ces prières de quarante heures célébrées par tout un peuple le lendemain de sa victorieuse révolte ; ce vieux prieur des dominicains parcourant le même jour Varsovie une croix à la main, et criant au peuple : *Mes enfans, vous avez pour vous le bon droit, aux armes, Dieu vous protégera* ; cet abbé Loga, prêchant la croisade de village en village dans la Lithuanie, et tué au champ d'honneur à Szawle ; ce dominicain Jasienski[1] plantant le drapeau national des casernes d'Ozmiana, et toujours au premier rang des insurgés Lithuaniens ; ces bernardins et ces curés de campagne arrivant à cheval, le sabre au côté,

[1] Actuellement à Le Puy.

pour mourir à la tête de leurs ouailles ;
ce capucin Romanowski[1] traversant
toute la Russie en mendiant pour aller
dérober à la chaîne des exilés un
frère d'armes, et le ramenant jusqu'en
France ; ces autres moines confon-
dus avec les laboureurs pour travailler
aux remparts de la capitale ; cet abbé
Ostrzykowski[2], courbé sur sa bêche
aux fortifications de Modlyn, et se re-
levant pour donner sa bénédiction à un
bataillon qui l'avait reconnu en passant,
et qui la lui demandait à genoux. Elles
diront encore ces basiliens de Poczaiow,
les premiers à donner le signal de la
révolte en Wolhynie, puis à l'approche
des ennemis qui leur apportaient l'apostasie ou l'exil, sortant fièrement de leur
monastère, la croix et l'abbé en tête,

[1] Actuellement à Besançon.
[2] Curé de Zakroczym.

en chantant des psaumes, pour suivre au loin les débris des armées de la patrie : puis cette insurrection de Samogitie prêchée le jour des Rameaux, dans toutes les chaires, par tous les prêtres, à l'issue de la passion du Sauveur ; puis celle de Lithuanie fixée au jour de l'Annonciation, dont le premier acte fut une prière dans les temples de la foi opprimée, et le second l'affranchissement des paysans par leurs maîtres [1]. Mais surtout elles célébreront cet élan d'amour et d'enthousiasme pour la sainte Vierge, pour celle qui depuis huit siècles entend son nom retentir en tête des armées polonaises [2], pour celle que les aïeux des héros de nos jours

[1] Voyez la brochure de M. Théodore Morawski : *Quelques mots sur l'état des paysans.* — 1833.

[2] Les Polonais ont conservé jusqu'à présent la coutume de marcher au combat en chantant un hymne à la mère de Dieu, *Boga Rodzico*, composé par S. Albert au XIe siècle.

ont solennellement proclamée Reine
de Pologne [1], et qui devait ainsi devenir une seconde fois la Reine des martyrs ; elles raconteront cette statue de
la mère de Dieu portée au milieu de
la levée en masse par des jeunes filles , et couronnée chaque matin de
fleurs fraîches ; elles répéteront enfin
cette prière unique de l'Annonciation [2]
qui a ému les cœurs les plus glacés,
et dont l'histoire se glorifie déjà comme de la plus pure parole qui soit

[1] Par un décret de la diète de 1655, sous Jean Casimir, confirmé par une constitution du Pape. Depuis ce
temps , les fidèles Polonais ont toujours invoqué la
sainte Vierge sous ce titre : dans les Litanies qui se
trouvent dans leurs livres d'offices on lit ce verset :
Regina Cœli et Poloniæ, ou bien simplement *Regina
Poloniæ*. Dans les provinces Lithuaniennes on ajoute :
Duchesse de Lithuanie. Un des cantiques de ces pays con-
tient ces vers : *W tej ostrej bramie obrona potężna Kro-
lowo Polska i Litewska Xiężna*. Mais les censures russe
et autrichienne ont fait supprimer ces titres dans tous
les livres de piété.

[2] Nous la reproduisons plus loin, page 163.

montée vers le ciel depuis trois siècles. Ah ! certes, il y a là plus qu'il ne faut pour donner à la Pologne, dans la mémoire des peuples, une consécration spéciale et une incontestable primauté. Encore une fois qu'importe son succès ? Le tombeau où elle dort maintenant dût-il ne se rouvrir jamais, elle y aura inscrit une épitaphe qui lui attirera toujours le culte et l'amour des âges futurs. Nous vivons dans un temps de grandes misères, où la terre est toujours ouverte pour engloutir de nouvelles victimes et de nouvelles ruines ; mais quand la postérité viendra errer au milieu des sépulcres de dynasties et d'états qui entoureront celui de la Pologne, elle ressentira ce que nous ressentons, nous, hommes d'un jour, en pénétrant sous cette voûte du vieux Vatican où sont rangés face à face le christianisme et le paganisme, les tombeaux du monde ancien et ceux d'une race nouvelle, d'un côté les épitaphes de ceux qui sont morts sans espérance comme ils avaient vécu sans foi, de l'autre le cri de joie de ceux pour qui la vie n'a été qu'un pélérinage[1] et la mort qu'une certitude de gloire.

Aussi l'homme qui règne à Saint-Pétersbourg a-t-il bien compris la glorieuse distinction que cette ardeur de la foi conférait à sa victime, la force qu'elle y puisait; et dans le déluge de cruautés dont il a inondé la Pologne, on peut dire qu'il n'y en a pas eu de plus affreuses que celles qu'il a dirigées contre la religion et ses ministres. Nous n'hésiterons pas à reparler ici de toutes ces cruautés, puisque, sans daigner les démentir lui-même[2], il ordonne de

[1] *Peregrina vixit… XVIII annos.* Épitaphe d'une jeune chrétienne au musée des inscriptions du Vatican.

[2] L'histoire nous apprend d'ailleurs ce que valent les

temps à autre aux apologistes qu'il salarie à l'étranger, de les nier, et puisque, chez nous, des organes du pouvoir lui ont obéi, en mêlant à leurs bassesses d'impurs sarcasmes contre les amis de la liberté et du malheur : nous tâcherons même de rapprocher le plus brièvement possible les traits les plus saillans du supplice de la Pologne, comme nous avons rapproché les preuves les plus touchantes de sa piété.

Depuis long-temps, on le sait, le gouvernement moscovite a trouvé le moyen de concilier, pour la honte et le malheur de l'humanité, les extrêmes les plus opposés : comme son empire qui

démentis de la Russie. Son effronterie n'a point diminué depuis le jour où Catherine, au moment où elle venait de tracer sur la carte, avec son doigt trempé dans l'encre, la ligne célèbre qui coupait la Pologne en deux, lançait dans le monde des proclamations qui annonçaient qu'elle prenait les armes pour rendre à la Pologne sa liberté dorée, *aurea libertas*, et pour renverser le despotisme de Stanislas.

se baigne d'un côté dans les mers gla-
ciales, et vient plonger de l'autre au sein
de l'Europe amollie, ainsi sa cruauté em-
brasse et utilise à la fois tous les instincts
sauvages et sanguinaires des barbares
dont il est le chef, et toutes les inventions
raffinées et ingénieuses d'une civilisation corrompue. Il a réussi à extraire de
ce mélange un ensemble d'atrocités qui
dépasse tout ce que la race humaine a
jamais subi ou seulement imaginé ; elle
peut en juger aujourd'hui à son aise,
aujourd'hui que la Russie renonce même
à la dissimulation et qu'elle transporte au
grand jour le théâtre de ses crimes. Avant
la dernière insurrection, c'est à peine s'il
nous parvenait de loin en loin quelques
sombres détails sur les horreurs qui se
commettaient dans les déserts et dans
les cachots impériaux, et qui ne nous ont
été complétement révélés que depuis :
on n'a su que par la bouche des victi-

mes elles-mêmes, tous les secrets de ces prisons où a gémi si long-temps la fleur de la jeunesse lithuanienne et polonaise, arrachée à ses études et à ses joies de famille, pour être condamnée à des supplices inconnus avant le siècle qu'ont souillé un Constantin et un Nowosilcoff : les uns privés de sommeil, les autres de lumière, d'autres de boisson[1], tourmentés par d'affreux interrogatoires, déchirés par le bâton et la question, relâchés enfin lorsqu'on les avait ou aveuglés, ou estropiés, ou abrutis, lorsqu'on avait tué leur mémoire et leur ame. Aujourd'hui une sanglante lumière est venue percer ces ténèbres. Tout se passe maintenant à la face du monde. L'Europe est tombée si bas dans le mépris du czar, qu'il ne se

---

[1] On sait que dans les prisons dont le grand-duc Constantin était lui-même le geôlier, on avait coutume de ne donner d'autre nourriture aux prisonniers dont on voulait arracher quelque aveu, que des harengs salés, en leur refusant tout liquide quelconque.

roit plus forcé de la tromper ; il veut au contraire l'effrayer. Il est donc facile de recueillir et de constater les horreurs de sa vengeance : il est facile de prouver qu'elle est sans rivale dans l'histoire, et qu'il n'est au monde rien qu'elle n'ait outragé.

Quel traité, quelle capitulation [1], quelle amnistie n'a-t-elle pas violé ? On sait quel a été le sort des malheureux qui y avaient cru ou que la cruauté de la Prusse a forcés de s'y confier. On sait dans quelle misère ils expient leur confiance, traînés comme ils l'ont été en Sibérie, ou plongés dans les cachots, souvent après plusieurs mois d'une sécurité qui ne leur était accordée que pour servir de leurre à d'autres plus craintifs. On se rappelle ce Swieykowski, noble Ukrainien, amnistié, puis arraché de ses foyers

[1] Celle de Zamosc, par exemple.

après deux mois de séjour pour être conduit en Sibérie, et, qui invoquant l'amnistie auprès du gouverneur de Kiew, reçut cette mémorable réponse : « L'amnistie est pour l'Europe et le « knout pour vous. » On peut lire enfin le décret officiel qui désigne spécialement pour être l'objet d'un supplice inouï, de ces *transplantations* de familles et de races entières au sein des déserts de l'Asie, *les gens qui ayant pris part à la dernière insurrection, sont revenus témoigner leur repentir au terme fixé, et ceux qui ont obtenu la haute grace et le pardon de S. M. I* [1].

Puis la religion, odieuse au czar, comme garantie éternelle du patriotis-

---

[1] Expressions textuelles de l'ordre du ministre de l'intérieur au gouvernement de Podolie, en date du 6-18 avril 1832, signé Bludow, et en marge duquel S. M. a daigné ajouter de sa propre main : *Ces réglemens doivent servir non seulement pour le gouvernement de Podolie, mais encore pour tous les gouvernemens occidentaux.*

me et de la nationalité des Polonais, a-t-elle jamais été atteinte par des persécutions plus cruelles et plus perfides? Nul n'osera le contester en présence des mesures qui ont reçu une publicité officielle au nom même de leur sacrilége auteur: telles sont la confiscation de tous les biens ecclésiastiques, l'abolition de tous les couvens [2] et l'expulsion des moines; la clôture de tous les séminaires excepté celui de Wilna dont le recteur est un espion connu; la suppression de toutes les écoles catholiques (qui sont les seules du pays) depuis les universités jusqu'aux moindres écoles de village; et la censure infligée à la parole même du prêtre [2] : telles sont

[2] Cent quatre-vingt-douze couvens ont été détruits dans les seules provinces Russiennes. Le trésor impérial a déjà reçu treize millions de florins provenant de la spoliation des ornemens des égises catholiques.

[1] Aucun sermon ne peut plus être prononcé sans avoir été visé et examiné par les censeurs impériaux.

*

les ukases du 5 juillet et du 19 octobre 1831, qui défendent sous les peines les plus sevères, celle du knout entr'autres, d'ériger de nouvelles églises et chapelles catholiques, ou de réparer celles qui existent; l'ukase du 5 novembre 1831 qui renouvelle cette prohibition, et qui déclare qu'il n'y aura désormais dans les provinces polonaises qu'un seul prêtre par district, *lequel*, est-il dit avec une insolente dérision, *pourra étre utile en temps de caréme*; l'ukase du 19 juillet 1832 qui assigne dès à présent plus de la moitié des églises catholiques au culte grec, et qui ordonne qu'à l'avenir toutes les fois que l'église grecque sera ruinée ou endommagée, on s'emparera de l'église catholique; enfin ces ukases tout récens qui s'acharnent après la vieille foi jusque dans l'intérieur des familles et de la conscience, dont l'un prohibe les chapelles particulières, l'autre in-

terdit aux pères de famille de faire élever leurs enfans même *chez eux* par des
maîtres qui n'auraient pas été examinés
et approuvés par l'université schisma-
tique de Kharkow, et dont le dernier
promet aux révoltés qui renonceraient
au catholicisme, non seulement le pardon et la liberté, mais la noblesse, pour
prix de leur apostasie ! Que si l'on
descend de ces mesures générales aux
attentats individuels, l'indignation et
l'horreur ne font que s'accroître : on y
rencontre les soldats de Rudiger enle-
vant la peau des bras et de la ton-
sure aux prêtres qu'ils faisaient prisonniers ; le sac du couvent des dominicains de Krasnobrod, et le supplice
de leur prieur le père Romain, âgé de
70 ans, immolé au milieu des tourmens[1];
l'évêque de Wilna, Klongiewicz, en-

[1] Le 2 juin 1831.

voyé au mines de Sibérie, pour avoir
réclamé la célébration de la fête de Pâ-
ques selon l'antique usage lithuanien ;
le chanoine Sierocinski, sexagénaire,
envoyé avec une foule de ses frères,
comme simple soldat, dans les batail-
lons provinciaux d'Asie ; d'autres con-
vaincus d'avoir animé les rebelles par
leurs exhortations, condamnés à périr
sous le knout : la Sainte-Vierge détrô-
née de sa royauté populaire par mesure
de police; sa statue miraculeuse de Czen-
stochowa, dont le sanctuaire servait d'ar-
chives aux victoires de la Pologne, enle-
vée à son amour traditionnel, et transpor-
tée dans la capitale du schisme ; douze
prêtres de Lück en Wolhynie déclarés
déchus des ordres sacrés, pour avoir ad-
ministré les derniers sacremens à des
prisonniers mortellement blessés ; enfin
ce prince Roman Sanguszko, dont le
nom rappelle toute la gloire et tous

les malheurs de son pays, qui, après avoir été condamné à perdre sa noblesse et son nom, à passer le reste de ses jours aux mines, et à se rendre aux lieu de son supplice, à pied [1], enchaîné, numéroté, la tête rasée, avec la chaîne des galériens ordinaires, demande à se confesser avant de commencer cette marche qui dure huit mois, et reçoit pour réponse qu'il n'aura point de prêtre de sa foi, parce qu'il n'est plus qu'un serf et *qu'un serf ne doit pas avoir d'autre religion que son maître.*

Voilà pour la religion. Cet homme a-t-il respecté davantage les sentimens les plus simples d'humanité, les droits les plus sacrés de la nature? Les deux mondes se sont émus au récit de cet

[1] Par une grace spéciale de l'empereur qui ajouta cette spécification de sa propre main sur la sentence, après avoir entendu les prières de sa propre femme et des princesses de la maison de Sanguszko.

affreux supplice des prisonniers de Cronstad, condamnés à recevoir, à quatre reprises, 8,000 coups de verges, et cela en face d'une église, et au milieu d'un port fréquenté par des navires de toutes les nations, comme pour braver à la fois Dieu et le genre humain. Comment peindre les horreurs de ces exécutions prolongées que l'on nomme exils en Sibérie, de ces marches funèbres de condamnés, pendant laquelle on voit des enfans au dessous de quinze ans succombant sous le poids de leurs fers et mendiant le long de la route de quoi s'acheter des chaînes plus légères[1]. Nous-mêmes nous frémissons encore plus de douleur que d'indignation à l'idée de ces supplices nouveaux, décou-

[1] Les deux jeunes comtes Tyszkiewicz, rencontrés en cet état à Kruplia. Voyez le journal d'un voyageur entre Viatka et Bobruysk, au commencement de février 1832, adressé au général Henri Dembinski.

verts dans notre siècle pour l'éternelle honte de la Russie qui les a appliqués et de l'Europe qui les a tolérés; d'abord de ces transplantations de familles entières, arrachées aux foyers et aux tombeaux de leurs pères, pour aller peupler en masse des déserts et des rochers glacés; puis surtout de ces enlèvemens d'enfans, de femmes, de jeunes filles [1],

[1] De toutes les horreurs commises par le gouvernement russe, celle-ci est la mieux constatée. — Outre l'ukase impérial du 24 mars 1832, qui ordonne l'enlèvement de *sorphelins* (ce qui signifie, selon la définition autocratique : 1° tout enfant qui n'a pas de père, quelle que soit la fortune personnelle de l'enfant ; 2° tout enfant dont les parens sont pauvres et hors d'état de le maintenir convenablement), nous avons sous les yeux les ordres officiels signés du prince Gortschakoff, du président Tymowski et du prince Paskewitch, pour la mise à execution de l'ukase ; puis le récit authentique inséré dans la gazette de Brunswick en août dernier, avec la spécification la plus détaillée des dates et des lieux. — Nous devons rappeler les traits suivans : « Pour assurer le succès de cette mesure à Varsovie, l'administration fit publier que S. M. I. ayant paternellement résolu de venir au secours de ses sujets indigens, tous les parens qui avaient de la peine à nourrir leurs

que la postérité flétrira comme l'atrocité la plus infernale de l'histoire des tyrans et des esclaves. C'est à elle que nous demanderons une première vengeance contre l'infâme. Elle lui fera expier le

enfans étaient invités à se faire inscrire dans les bureaux officiels. Une foule de malheureux y coururent ; et les listes une fois dressées, on s'en servit pour procéder régulièrement à l'enlèvement des enfans qui y étaient portés... Six cents enfans avaient été enlevés de nuit, en quatre convois différens, avant le 5 mai 1832. Le 17 de ce mois, on fit partir un convoi en plein jour : on entendait dans toutes les rues les cris et les lamentations des mères qui couraient après les charrettes chargées de leurs enfans, et dont quelques-unes se jetaient sous les roues : les gendarmes les écartaient en jurant.... Le 18, on enleva tous les enfans qui se trouvaient dans les rues, occupés à travailler ou à vendre certaines denrées. Le 19, on vida toutes les écoles paroissiales et de charité, celle des orphelins de l'Enfant Jésus, etc. — Bien que la mortalité des enfans pendant la marche soit ordinairement des quatre cinquièmes (sur 450 enfans partis de Varsovie, il n'en est arrivé à Bobruysk que 116 vivans), les convois rendus au lieu de leur destination se trouvent au grand complet, car les cosaques de l'escorte enlèvent les premiers enfans qu'ils rencontrent le long de la route ou dans les haltes, pour remplacer les morts de chaque journée. Quand un enfant devient trop crime de ce malheureux père qui se tue lui-même en apprenant, au fond de son exil, le sort de ses enfans [1]. Elle répètera d'âge en âge les malédictions lancées contre lui par cette mère qui s'é-

faible pour continuer, on le laisse sur le bord du chemin, avec du pain pour trois jours. Les gens du pays racontent qu'ils ont souvent vu les cadavres de ces innocens étendus à côté de leur pain, qu'ils n'avaient pas eu la force de toucher. Ces mesures sont encore plus générales dans les provinces anciennement réunies à la Russie que dans le royaume : les cosaques et les baskirs des escortes y vendent souvent les enfans aux juifs... Les enfans qui survivent à la transplantation sont réunis aux colonies militaires, les garçons pour y servir dès qu'ils en auront l'âge, les filles pour devenir les épouses ou les maîtresses des soldats. »

Pour comble d'ignominie, l'Europe a entendu toutes les feuilles soldées par les rois répéter audacieusement l'explication donnée par la *Gazette d'Etat de Prusse*, qui soutenait que ces mesures étaient dans l'intérêt de la population, et dictées par la plus pure philanthropie (*die reinste Menschenliebe*.) (Voyez Gazette d'Augsbourg du 14 août 1832.)

[1] Le capitaine S...., qui s'est brûlé la cervelle tout récemment à Besançon, après avoir reçu une lettre qui annonçait que ses enfans avaient été compris dans la proscription.

b.

criait dans les rues de Varsovie : *Que ne peut-il se noyer dans nos larmes*[1] ! Elle vengera enfin l'affreuse destinée de ces orphelins livrés au supplice dès le berceau, et de ces pauvres mères, veuves de leurs époux tués ou exilés, veuves de leur patrie dévastée et asservie, et qui, dans ce double veuvage, conservaient un suprême et dernier amour, que le monstre a trouvé moyen de transformer en torture suprême.

Périsse dans notre ame tout souvenir, avant celui de ces attentats ! Périsse toute espérance avant celle d'un prompt et terrible châtiment pour leur auteur ! Mais il y a des souvenirs plus longs que ceux des hommes, et des vengeances plus sûres. Tout ce sang, toutes ces larmes, toutes ces malédictions, sont montées vers le trône du vengeur éternel ;

[1] Le 23 mai 1831. Voyez le récit cité ci-dessus.

elles en retomberont en pluie de feu sur les trônes d'ici-bas.

A Dieu ne plaise cependant que dans la réprobation que nous appelons sur Nicolas, sur ses généraux, sur ses diplomates, sur tous les instrumens de ses crimes, la plupart étrangers et rebut de la patrie de leurs pères ; à Dieu ne plaise que nous ne confondions la nation Russe toute entière. Nous n'admettrons jamais que Dieu ait jeté quarante millions d'hommes sur la terre avec des cœurs de bourreaux ou d'esclaves. Nous aussi nous croyons à la *Sainte-Alliance des peuples*, et nous y croyons pour l'avoir trouvée, non pas dans une chanson, mais dans le livre de nos aïeux et de notre berceau, dans l'Évangile du Christ. Seulement nous plaindrons les Russes d'avoir reçu d'en haut une mission épouvantable, une mission de damnés ; nous les plaindrons et nous prierons Dieu d'abréger leur supplice, car c'est un dur supplice que d'être les bourreaux du monde.

D'ailleurs la Russie a déjà donné ses gages à l'alliance des peuples : la fleur de sa noblesse jetée aux mines de Sibérie par l'autocrate actuel, est là pour témoigner de ce qu'elle aussi, peut-être à son insu, est entrée dans la grande conjuration. Tous les Ryleieff n'ont pas péri sur la potence de Pétersbourg : tous les Bestucheff ne languissent pas au fond des abîmes creusés par la tyrannie. Et dans ces abîmes mêmes, qui sait ce qu'a enfanté la rencontre des premières victimes de la liberté russe et des derniers martyrs de la liberté polonaise? Qui sait quels traités sublimes auront été jurés au sein de ces ténèbres, au bruit des chaînes et des marteaux de ces glorieux forçats ?

Car ce qu'il y a surtout d'impérissable

dans la cause polonaise, c'est qu'elle est la cause de toutes les nations, la cause du monde. Qui l'isolerait pour la renfermer dans les étroites bornes de la nationalité, la méconnaîtrait et la calomnierait.

C'est ce qu'elle a senti elle-même, lorsqu'en marchant au combat contre les ennemis déclarés de toute liberté, elle inscrivait sur ses bannières sacrées cette devise : *Liberté pour vous et pour nous!*

C'est ce qu'a senti l'Europe entière, au bruit de l'insurrection polonaise, et c'est pour cela qu'elle a si vîte retrouvé ses justes sympathies ; elle a compris que là palpitait encore cette vieille chrétienté, cette société de dévouement et d'union qui a péri sous les coups du despotisme et de la philosophie : elle a compris que c'était là le cœur de l'humanité, noble cœur où tout le sang des peuples aurait reflué d'un seul bond, si les rois ne s'étaient jetés au travers du torrent.

C'est ce qu'a senti admirablement notre poète, dans tout l'ouvrage que nous offrons aujourd'hui aux lecteurs français, et surtout dans ce beau passage : « Les juifs et les hommes qui ont des « cœurs de juifs disent : La patrie est là « où on est bien ; mais le Polonais dit « aux nations : La patrie est là où on est « mal ; car partout en Europe où il y a « combat pour la liberté, là aussi il y a « combat pour la Pologne, et les Polo- « nais doivent livrer ce combat[1]. » Aussi voyez ces généraux exilés, quittant so- lennellement un asile assuré et paisible, pour marcher, après avoir célébré la Pâque du Seigneur, à de nouveaux et incalculables périls, pour défendre des peuples qu'ils n'ont jamais vu, pour ré-

[1] Voyez page 139.

pondre au premier cri de l'Allemagne qu'ils croyaient réveillée [1].

C'est enfin ce qu'a senti la France ; car il ne faut pas voir sa réponse au cri de détresse et de vengeance jeté par la Pologne, dans cette honteuse parole d'un ministre : *Le sang de la France n'appartient qu'à la France* ; il faut la voir dans cette simple instruction des paysans de la Bresse à leur député : *Oui, doublez les subsides pour la guerre et pour les Polonais, car la Pologne c'est la France* [2].

Et nous, nous dirions : La Pologne, ce n'est pas seulement la France, c'est l'Europe, c'est l'humanité toute entière.

[1] Voyez la lettre du colonel Oborski, chef des réfugiés qui ont été en Allemagne, au général Dwernicki, président du comité central de l'émigration : « Si nous « réussissons, les fruits de la victoire seront pour vous « comme pour nous : si nous échouons, reniez-nous, « désavouez-nous ; nous ne voulons pour rien au monde « vous compromettre ni vous nuire. »

[2] Discours de M. le baron de Laguette-Mornay, député de l'Ain, à la séance du 30 mars 1833.

Elle est le type de toutes les causes vain-
cues, de toutes les croyances opprimées, de toutes les gloires trahies, de
toutes les espérances étouffées. Elle est
plus que cela : elle est la victime choisie
d'en haut pour laver de son sang les
fautes de la société moderne, et pour
acheter cette liberté dont le monde a
soif. Pour accomplir de grandes choses,
il a toujours fallu de grandes victimes, et
des victimes innocentes et pures ; pour
expier l'avilissement moral du dernier
siècle, pour briser la longue conspira-
tion des despotes, des philosophes et
des faux libéraux contre la dignité et
l'indépendance de l'homme, il fallait
une victime qui concentrât en elle toutes les vertus et toutes les souffrances
de la race humaine, il fallait une Pologne. Elle s'est trouvée.

Que son martyre ait commencée l'affranchissement du monde, comme le

veut notre poëte, nous en acceptons l'augure : car enfin, il est temps d'en finir avec l'époque où nous sommes, époque unique qui figurera dans la mémoire de nos neveux comme une sorte de mythologie du despotisme. Il est temps d'en finir ; car l'inexprimable angoisse des peuples a duré trop longtemps ; l'ame de chaque homme de bien s'est trop souvent et trop douloureusement soulevée. Le meurtre de la Pologne et son abandon par la France ont formé le point culminant de la tyrannie brutale d'une part, du libéralisme matérialiste de l'autre. Les entrailles de ces monstrueux systèmes ont été mises à nu, et le monde en les contemplant a reculé d'épouvante : il sait maintenant où on l'a conduit. Il a vu les chefs des nations, comme les voyait le Dante dans son enfer, les uns dans une mer de sang, les autres dans une mer de boue.

Car après tout, ce que nous avons raconté de la Russie, ce que le genre humain frémit de voir et d'entendre en Pologne, ce n'est qu'un épisode atroce d'un vaste système qui enlace dans ses réseaux l'Europe entière. Le christianisme s'étant éteint dans le cœur des peuples, la chrétienté s'est dissoute; il n'y a plus eu de solidarité entre les nations; chacune d'elles est restée en proie à son gouvernement, c'est-à-dire à des hommes, héréditaires ou élus, peu importe, qui ont tué dans leur ame toute foi sociale, détrôné et bafoué toute morale publique, et transformé tous les liens qui constituent une nation en un mécanisme de fer, glacial et tranchant.

Voyez l'Irlande, cette *Pologne de l'Océan* [1], la sœur de la nôtre par sa foi, par ses destinées, par son caractère na-

---

[1] Sainte-Beuve.

tional, par six siècles d'une infortune pareille, par son immortelle constance ; voyez-la sortir, après d'inouïs efforts, du cachot qui avait été creusé pour elle dans les abîmes d'une légalité impie comme dans l'oubli de l'Europe, et encore obligée de lutter avec de prétendus réformateurs qui n'hésitent point à déshonorer deux peuples pour opprimer le troisième.

Voyez l'Allemagne, vexée, trompée, garrottée dans sa liberté religieuse, dans son développement commercial, dans sa dignité politique par ces princes parjures pour qui elle a dépensé tant de sang et tant de pur enthousiasme ; liée chaque jour dans de nouvelles chaînes par ces amphictyons de la servitude qui siégent à Francfort, étouffée par le génie de cette Prusse dont le roi condamne à la prison et à la confiscation de leurs biens les nobles filles de son pays, *coupables*, dit le décret signé de son auguste main, *d'avoir exercé les fonctions de sœur de charité dans les hôpitaux de Varsovie* [1].

Voyez tous ces indignes souverains de l'Italie, d'une politique si profonde, d'une imagination si merveilleusement féconde pour le malheur de l'admirable race dont ils sont les maîtres, qui ont réussi à faire un enfer politique et intellectuel de ce paradis des nations, et qui ont réduit toutes les ames fières et libres à maudire cette patrie, la plus belle création du ciel, parce que, comme ils disent avec raison, une tombe n'est jamais une patrie.

Voyez l'Espagne et le Portugal, tombées de si haut pour s'éteindre sous l'étreinte de deux dynasties chargées de

____

[1] Ce décret est du 1er mai 1832 ; il s'applique à mademoiselle Szaniecka et à une autre jeune personne dont le nom nous échappe.

montrer au monde l'union hideuse de tous les crimes publics, avec tous les vices de la vie privée.

Voyez enfin l'Autriche, où la même infernale logique qui, en Russie, a fait refuser aux victimes une conscience et une ame différentes de celles de leur bourreau, vient enlever aux pères le droit d'élever chez eux leurs enfans mâles, et les jette dans les repaires d'instruction officielle [1], de peur que ces futurs instrumens du despotisme ne puisent auprès du foyer paternel quelque pure croyance, quelque honorable tradition qui les rende incapables du métier qu'on leur réserve; l'Autriche, cette grande prêtresse de l'oppression, occupée à contenir la Hongrie avec des baïonnettes italiennes, et l'Italie avec

---

[1] On voit à Florence sur la porte d'une école cette inscription : *École de la doctrine chrétienne, impériale et royale.*

des baïonnettes hongroises ; l'Autriche, qui a ouvert dans son sein ces affreuses prisons où languit toute une population de martyrs, livrée non seulement aux supplices de la faim et à d'autres si cruels qu'ils effrayent même leurs auteurs [1], mais encore à une torture intellectuelle et morale destinée surtout à abrutir leurs ames, et qui n'y aurait sans doute que trop réussi, si Dieu ne les eût visités dans leur misère, s'il ne leur eût fait porter par l'ange de sa miséricorde toutes les consolations de la résignation, de la foi, d'une intime et tendre dévotion, et comme un avant-goût de

[1] Lorsque Pellico et Maroncelli, sortis du Spielberg après dix ans de *carcere duro*, et passant à Vienne, allèrent visiter Schœnbrunn, l'empereur vint s'y promener en même temps ; mais on les fit retirer en toute hâte, de peur que la vue de leurs personnes amaigries et épuisées par la captivité ne fût pénible au souverain paternel qui les y avait condamnés : *Ed il commissario ci fece ritirare, perche la vista delle nostre sparute persone non l'attristasse.* Silvio Pellico. *Le mie Prigioni*, p. 327.

la liberté du ciel. Vous m'en êtes té-
moins, vous qu'on peut nommer sans
crainte, puisque la mort ou le caprice
des tyrans a brisé vos chaînes, Orcboni,
Pellico, Maroncelli, Andryane, et toi,
Gonfalonnieri, dont nous osons à peine
prononcer le nom sacré, de peur que
notre obscure pitié n'aggrave encore
ton supplice [1].

Et ce qu'il y a de plus hideux dans ces
raffinemens de cruauté et de tyrannie,
c'est que ces violateurs de tout ce qu'il
y a de saint dans cette vie et dans l'autre, se font une parure de la religion et
osent flétrir son nom en l'affichant à la
tête de leurs traités et de leurs lois. Cet
empereur d'Autriche se décore du nom
d'apostolique, et se fait appeler par le

---

[1] Cet illustre proscrit avait conservé dans son cachot
un pauvre coussin qui avait servi à sa femme et qu'elle
avait baigné de ses larmes : un ordre supérieur venu
de Vienne le lui a fait enlever. Depuis, elle est morte
de douleur, et lui l'ignore encore.

Vatican le fils de prédilection du Saint-Siége [1]. Ce roi de Prusse compose des liturgies et se croit appelé à être le pape de la réforme. Ce Nicolas, dont le nom seul est un outrage à la religion et à l'humanité, fait prêter à ses espions, avant de les semer au sein des familles, des sermens trois fois saints [2]; il jette aux populations qu'il a décimées des catéchismes, où il revendique dans leur culte une place à côté du Très-Haut [3] :

[1] Ce qui n'empêche pas le clergé d'être traité avec le dernier mépris par les fonctionnaires impériaux pénétrés par tout l'esprit de Joseph II ; ce qui n'empêche pas non plus tous les livres contre l'autorité pontificale de sortir des presses des états autrichiens avec l'approbation des censeurs.

[2] « Je jure par Dieu tout-puissant, un dans la très « sainte Trinité : par la sainte-vierge Marie, mère du « Christ, et par tous les saints, et par mon patron..... « Qu'ainsi me soient en aide Dieu et les saints. » Extrait de la formule du serment prêté par les espions officiels du grand-duc Constantin. Voyez *Russisches Schreckens und Verfolgungs System*, par M. Hube, référendaire du royaume, 1re livraison.

[3] Nous avons entre les mains un exemplaire du caté-

et quand il rencontre un marin étranger, il le charge de dire au roi son maître, que chaque soir il prie Dieu pour sa
prospérité [1]. Lui prier! ah certes! quand
la convention décrétait l'abolition de tout

chisme spécial qui vient d'être distribué en Lithuanie,
et qui est intitulé ainsi : *Catechisme du* CULTE (czesc) *dû à
l'empereur de toutes les Russies, ou commentaire sur le
4e commandement de Dieu dans ses rapports avec l'autorité
nationale, imprimé par ordre supreme et à l'usage des
églises et des écoles catholiques romaines en Russie. Wilna,
de l'imprimerie diocésaine*, 1832. Dans cette incroyable
production, le nom de l'empereur et celui de Dieu sont
imprimés en lettres majuscules de la même grandeur;
celui de Jésus-Christ en lettres ordinaires. On y remarque les questions et les réponses suivantes : *D.* Quel
est ce culte? *R.* Le plus grand que l'on puisse rendre à
l'homme, et cela dans les paroles. dans les signes exté-
rieurs, dans toutes les actions et *dans le cœur*. —*D.*Faut-il
aimer *notre patrie* la Russie? *R.* Oui, l'aimer et lui sou-
haiter du bien et lui consacrer nos services d'après la volonté de notre seigneur l'empereur.—L'empereur y est
déclaré le *vicaire de Dieu*; parmi les péchés contre *lui*,
on range même les *murmures*. Parmi les devoirs envers
lui, une affection partant du fond du cœur et sans aucune hypocrisie, et des prières publiques et privées.

[1] Voyez le récit de sa visite à bord du *Talavera*, à
Kronstadt, et de sa conversations avec le capitaine
Brown, dans tous les journaux d'août 1832.

***

culte, quand ses délégués se plaignaient de l'attachement obstiné des Bretons au *ci-devant bon Dieu*, la majesté divine, la conscience du genre humain étaient moins outragées que lorsque ces assassins de peuples mettent Dieu de moitié dans leurs crimes, et lui lancent, du sein de leur orgie sanglante, une sacrilége prière. Ces hommes-là crucifient une seconde fois le Christ en l'appelant roi.

Et nous-mêmes, avons-nous échappé au sort de nos frères? Le supplice de la France, pour être moins douloureux, est-il moins honteux que celui du reste de l'Europe? Hélas! chacun de nous sent au fond de son ame la dévorante conviction du déshonneur de la patrie. Quelle humiliation pourrait dépasser la sienne? Livrée à d'effrontés jongleurs, forcée de renier par leur bouche sa destinée, et de mentir aux espérances du monde ; forcée de subir comme siennes les doctrines cyniques de corruption et d'arbitraire que promulguent ses représentans et ses chefs ; épouvantée par les théories plus sanguinaires et non moins oppressives de ceux qui aspirent à leur succession ; exploitée par une horde d'administrateurs éclos du despotisme impérial, par une magistrature qui semble commissionnée pour tuer la loi dans l'estime des hommes , par des parquets tenant à la fois de la nature du laquais et de celle du bourreau; flétrie au dehors par sa diplomatie , au dedans par sa police , dans son intelligence et sa foi par l'université , dans sa conscience par la torture du serment ; elle expie sous de vils Césars le triste matérialisme que le dernier siècle a introduit dans ses lois et ses mœurs. Infidèle depuis trop long-temps aux principes qui font la vie des sociétés , on dirait que des eunuques ont été chargés de lui faire subir l'antique supplice de la femme adultère : ils l'étouffent dans la boue.

Mais, s'il plaît à Dieu, c'est elle qui les y étouffera ; car elle n'est pas faite pour mourir de leur main. Sa mission n'est pas accomplie, elle le sent, et la conscience de cette défaillance la travaille et l'agite d'un indéfinissable malaise. Elle sait que pour elle il ne suffit pas de s'affranchir elle-même, mais que sa loi est d'affranchir les autres ; elle sait que dans son sein vit toujours, comme une flamme d'en haut, cet esprit expansif et propagateur, débris sublime de l'esprit chrétien, cette puissante sympathie, cet instinct de force généreuse qui lui a toujours fait appeler l'Europe au partage de ses conquêtes et de ses richesses ; elle sait enfin qu'un jour cet instinct l'emportera, que ces liens tomberont, et qu'en obéissant à sa noble nature, elle retrouvera sa gloire et ce qui fait d'elle l'aînée d'entre les nations du monde. L'humanité n'attend que son cri pour dresser de nouveau sa tête, toujours jeune et toujours belle d'une altière espérance.

Déjà au sein des nations les plus opprimées, et si le vœu de leurs maîtres était accompli, les plus abruties, un sentiment profond de justice et de confiance en l'avenir s'élabore et se manifeste par mille élans que la plus prévoyante tyrannie ne peut ni prévenir ni réprimer. Nous avons vu au fond de cette Italie, que ses propres malheurs pourraient absorber toute entière, sur des murs souillés par l'aigle autrichienne, ces mots écrits à cinq cents lieues de la Pologne : *Vivano i Polacchi!* Quand la comtesse Gonfalonnieri sortait à pied dans les rues de Milan, portant déjà le deuil de son mari captif, qu'elle devait précéder au tombeau sans le revoir jamais, tous les passans se découvraient respectueusement ; le cachot du Spielberg était jugé par cette foule esclave. Quand le roi prussien fit attacher à une potence le nom d'Uminski et des compagnons de sa glorieuse désobéissance, on trouvait chaque matin le bois infame couronné de fleurs, et chacun le saluait en passant : le monarque n'avait réussi qu'à clouer sa propre honte au gibet.

Si quelquefois la patience manque aux nations et si le désespoir vient glacer leurs cœurs, c'est que leur vie est courte, et qu'elles ne revivent pas ailleurs. Elles n'ont pas, comme le simple chrétien, le refuge d'une autre vie ; elles ne peuvent pas se dire comme lui : Souffrons, gémissons, mangeons en silence le pain de l'esclavage, nous serons libres dans le ciel. Non, elles savent que leur destinée s'achève ici-bas ; il leur faut une justice, une vengeance dès ce monde.

Aussi Dieu n'a-t-il jamais refusé cette justice aux peuples qui l'ont méritée. Il y a quelques quatre mille ans qu'un pauvre peuple d'étrangers gémissait aussi dans un dur esclavage, et qu'au milieu de ses misères ils songea à Dieu et cria vers lui ; et la plus vieille chronique du monde dit que Dieu entendit ce cri, qu'il se souvint d'eux et du pacte qu'il leur avait juré, qu'il les regarda, qu'il les reconnut, et qu'il les sauva : *Et audivit gemitum eorum… et respexit eos Dominus filios Israel, et cognovit eos.*

Et depuis ce jour-là, tous les peuples opprimés et trahis savent qui les regarde et qui les connaît.

Aujourd'hui il y a dans l'excès même du malheur où sont tombées les nations quelque chose qui leur annonce une délivrance prochaine, et qui les prépare au temps où chaque opprimé entendra tonner dans toute l'Europe cette voix qui retentit naguère au sein des déserts de l'Égypte : « Je suis le Seigneur, je « vous tirerai du bagne, je vous arrache- « rai à la servitude, je vous rachèterai « par la force de mon bras et par mes « grandes justices [1].

Si le jour de ces grandes justices n'a point encore lui sur l'univers, c'est, nous le dirons sans crainte, c'est grace aux honteuses passions, aux ambitions tyranniques, aux théories brutalement matérialistes qui souillent depuis trop longtemps le camp de la liberté, tandis qu'elles sont les plus puissans et peut-être les seuls auxiliaires du despotisme actuel. Mais elles aussi périront sous le

---

[1] Ego Dominus qui educam vos de ergastulo Ægyptiorum, et eruam de servitute; ac redimam in brachio excelso, et judiciis magnis. *Exode* VI.

souffle de Dieu, et avec elles toute cette légalité monstrueuse qui s'est substituée au sentiment réel du droit, éteint dans tant de cœurs; et avec elles ce nationalisme rétréci qui a usurpé la place de la fraternité des peuples et de la sociabilité chrétienne.

Sur toutes ces ruines il s'élèvera quelque chose de si grand, que les siècles à venir se prosterneront à l'envi pour l'adorer. Le travail des âges s'accomplira : une alliance auguste sera signée : les liens dont elle doit enserrer le monde se forgent dès aujourd'hui dans les profondeurs de l'humanité. De mémorables luttes ont peu à peu dégagé cette glorieuse inconnue. Ses titres ont été inscrits à côté de la croix du Christ, sur toutes les bannières qui, depuis l'aurore de notre siècle, ont ombragé des cœurs nobles et purs, sur celles de l'Espagne, de la Grèce, de la Belgique, de l'Irlande, de la Pologne.; Nicolas l'a dénoncée dans ses ukases, et les victimes du Spielberg l'ont gravée sur les murs de leur cachot.

Le baiser que la France a donné dans sa prospérité à la Pologne exilée et sanglante n'est que le symbole d'une union plus haute, d'un baiser plus saint encore. Quand le temps en sera venu, l'on verra deux sœurs immortelles, long-temps rivales, s'avancer l'une vers l'autre à travers les déserts, comme les frères des anciens jours, Ésaü et Jacob : et celle qui aura dérobé à l'autre cette bénédiction céleste, ce sublime droit d'aînesse qu'on appelle l'Amour des peuples, se prosternera devant sa sœur et attendra sa venue [1]. Et l'aînée accourra

---

[1] Progrediens adoravit pronus in terram, donec appropinquaret frater.

Currens itaque Esau obviam frater suo, amplexatus est eum ; stringens que collum ejus....

Quid sibi volunt isti ? et si ad te pertinent ?

et la serrera contre son cœur; et elle demandera : qui sont ces peuples qui t'accompagnent? Et la plus jeune répondra : ce sont les enfans que Dieu m'a donnés et que je t'amène : reçois-les de mes mains.

Et elles s'embrasseront avec larmes [1]; et ce sera pour toujours.

Paris, 21 avril 1833.

CH. DE MONTALEMBERT.

Parvuli sunt quos donavit mihi Deus servo tuo... accipe munusculum de manibus meis.

[1] Et osculans flevit. *Genèse*, xxxiii. v. 4.

LXXV

et la serrera contre son cœur; et elle
demandera : qui sont ces peuples qui
t'accompagnent? Et la plus jeune répondra : ce sont les enfans que Dieu m'a
donnés et que je t'amène : reçois-les de
tes mains.

Et elles s'embrasseront avec larmes;
et ce sera pour toujours.

Paris, 21 avril 1833.

CH. DE MONTALEMBERT.

BIBLIOTHÈQUE IMPÉRIALE

Première Partie.

———

ACTES DE LA NATION POLONAISE
DEPUIS LE COMMENCEMENT
DU MONDE JUSQU'A
SON MARTYRE.

Au commencement était la foi en un seul Dieu, et la liberté était dans le monde. Et il n'y avait point de lois, il y avait seulement la volonté de Dieu; et il n'y avait ni maîtres ni esclaves, il n'y avait que des patriarches et leurs enfans.

Mais ensuite les hommes renièrent le Dieu unique, et se firent des idoles; et ils les adoraient, et sacrifiaient en leur honneur des victimes sanglantes, et ils guerroyaient en l'honneur de leurs idoles.

C'est pourquoi Dieu infligea aux idolâtres la plus lourde peine, savoir : la servitude.

Et la moitié du genre humain devint esclave de l'autre moitié, quoique tous procédassent du même père. Mais ils avaient renié cette origine, et s'étaient inventé différens pères : l'un avait dit qu'il provenait de la terre ; un autre qu'il provenait de la mer, et ainsi des autres.

Et comme en se combattant ainsi ils s'étaient réduits les uns les autres en servitude, ils tombèrent tous ensemble sous le joug de l'Empereur romain.

L'Empereur romain se fit appeler Dieu, et il fit proclamer qu'il n'y avait point d'autre loi dans le monde que sa volonté ; que ce qu'il approuvait serait nommé vertu, et ce qu'il blâmait, crime.

Et il y avait des philosophes qui démontraient que l'Empereur, en agissant ainsi, agissait bien.

Et l'Empereur romain n'avait ni au dessous de lui, ni au dessus, rien qu'il respectât.

Et toute la terre devint esclave; et il n'y eut jamais pareille servitude dans le monde, ni avant, ni après, excepté en Russie de nos jours.

Car le Sultan des Turcs lui-même est obligé de respecter la loi de Mahomet, et il ne peut l'interpréter, puisqu'il y a pour cela des prêtres turcs.

En Russie, au contraire, l'Empereur est chef de la foi, et ce qu'il veut qu'on croie, il faut le croire.

Et comme au solstice d'hiver il y a dans la nuit la plus longue l'apogée des ténèbres), ainsi y eut-il l'apogée de la servitude au tems de la servitude romaine.

En ce tems-là descendit sur la terre le Fils de Dieu, Jésus-Christ : et il enseignait aux hommes que tous sont frères entre eux, et fils d'un seul et même Dieu.

Et que celui-là est plus grand parmi les hommes, qui les sert et qui se sacrifie pour leur bien : et que plus il est parfait, plus il doit leur sacrifier. Et comme le Christ était le plus parfait de tous, il devait leur sacrifier son sang par sa douloureuse passion.

Ainsi le Christ enseignait qu'il n'est rien de précieux sur la terre, ni sagesse humaine, ni puissance, ni richesse, ni couronne, rien, sinon le sacrifice de soi-même pour le bien d'autrui.

Et que celui qui se sacrifie pour le bien des autres, trouvera la sagesse, la richesse et une couronne, sur la terre, dans le Ciel et partout.

Mais que celui qui sacrifie les autres à lui-même trouvera folie, et misère, et perdition, sur la terre, aux Enfers et partout.

Et le Christ dit enfin : « Celui qui « me suivra sera sauvé, car je suis la « vérité et la justice. » Et comme le Christ enseignait ainsi, les juges qui jugeaient au nom de l'Empereur romain s'épouvantèrent, et ils dirent : « Nous « avons chassé de la terre la justice, et « la voici qui revient ; tuons-la, et ense- « velissons-la dans la terre. »

Ils firent donc mourir dans les tour- mens le plus saint et le plus innocent des hommes, ils le déposèrent dans un tombeau, et ils s'écrièrent : « Il n'y a

« plus de justice ni de vérité sur la terre;
« qui donc s'élèvera maintenant con-
« tre l'Empereur romain? »

Mais ce fut un cri insensé; car ils
ignoraient qu'en commettant le plus
grand des crimes ils avaient comblé la
mesure de leurs iniquités; et leur puissance finit alors même qu'ils se réjouissaient le plus.

Car le Christ ressuscita, et après
avoir chassé les Empereurs, il planta
sa croix sur leurs capitales; et alors les
maîtres affranchirent leurs esclaves, et
reconnurent en eux des frères; et les
rois, oints au nom de Dieu, reconnurent au dessus d'eux la loi de Dieu, et
la justice revint sur la terre.

Et tous les peuples qui avaient la foi,
les Allemands comme les Italiens, les
Français comme les Polonais, se regardaient comme un seul peuple,

et l'on nommait ce peuple la Chrétienté.

Et les rois des divers peuples se regardaient comme frères, et suivaient ensemble la même bannière, celle de la croix.

Et ceux d'entr'eux qui étaient chevaliers allaient combattre les païens en Asie, pour défendre les chrétiens d'Asie et pour reconquérir le sépulcre du Sauveur.

Et cette guerre en Asie, on la nommait croisade.

Et quoique les chrétiens ne combattissent ni par amour de la gloire, ni par soif de conquêtes ou de richesses, mais pour délivrer la Terre-Sainte, cependant Dieu leur donna en récompense de cette guerre, la gloire, de vastes possessions, des richesses et de la sagesse. Et l'Europe s'éclairait, s'organisait et s'enrichissait. Et Dieu la récompensait de s'être sacrifiée pour le bien des autres.

Et la liberté en Europe s'étendait peu à peu, mais incessamment et régulièrement: des rois, la liberté venait aux grands, et ceux-ci, devenus libres, répandaient la liberté sur la noblesse, et de la noblesse la liberté passait aux villes, et dans peu elle devait descendre sur le peuple, et toute la chrétienté devait être libre, et tous les chrétiens comme des frères égaux entr'eux.

Mais les rois corrompirent tout.

Car les rois étaient devenus mauvais; et Satan était entré en eux, et ils se dirent dans leurs cœurs: Voyons! voilà que les nations acquièrent de la sagesse et des richesses, et vivent dans l'aisance, de sorte que nous ne pouvons pas les châtier, et que le glaive

se rouille dans nos mains; et les nations grandissent en liberté à mesure
que notre pouvoir faiblit, et aussitôt
qu'elles seront devenues tout-à-fait
libres notre pouvoir aura cessé.

Et les rois, en pensant ainsi, pen-
saient follement; car si les rois sont les
pères des peuples, les peuples aussi,
comme les enfans, sortent en gran-
dissant de dessous la verge et la tutelle
de leurs pères.

Et néanmoins si les pères sont bons,
leurs fils, bien que majeurs et émanci-
pés, ne renient pas leurs pères : au
contraire, à cause de leur vieillesse
même, ils les respectent et les aiment
davantage.

Mais les rois voulurent être semblables aux pères sauvages habitans des
bois, qui attèlent leurs enfans à des
chariots comme des animaux, et les

vendent à des marchands comme des esclaves.

Donc les rois dirent : Tâchons de faire que les peuples restent toujours dans l'ignorance, et ainsi ils ne reconnaîtront pas leurs propres forces ; et qu'ils se querellent entre eux, et ainsi ils ne se réuniront pas contre nous.

Les rois dirent donc aux chevaliers : Qu'avez-vous à aller en Terre-Sainte ? il y a loin ; combattez plutôt les uns contre les autres. Et les philosophes démontrèrent aussitôt que c'était une folie de combattre pour la foi.

Ainsi les rois, ayant renié le Christ, firent des dieux nouveaux, des idoles, et les exposèrent à la vue des nations, et ordonnèrent de les adorer, et de combattre pour elles.

Et ainsi les rois firent pour les Français une idole, et la nommèrent *Honneur;* et c'était cette même idole qui du temps des païens se nommait le Veau d'or.

Et aux Espagnols le roi fit une idole qu'il nomma *Prépondérance politique,* autrement force et puissance ; et ce fut la même idole que les Assyriens adoraient sous le nom de Baal, et les Philistins sous le nom de Dagon, et les Romains sous le nom de Jupiter.

Et aux Anglais le roi fit une idole qu'il nomma la *Souveraineté des mers et du commerce ;* et c'était la même idole qui se nommait autrefois Mammon.

Et aux Allemands l'on fit une idole qui s'appelait le *Bien-être ;* et c'était la même idole qui s'était autrefois nommée Moloch et Comus.

Et les peuples adoraient leurs idoles.

Et le roi dit aux Français : Levez-vous, et combattez pour l'Honneur.

Et ils se levèrent et combattirent cinq cents ans.

Et le roi d'Angleterre dit aux Anglais : Levez-vous, et combattez pour Mammon.

Et ils se levèrent et combattirent cinq cents ans.

Et les autres nations combattirent de même, chacune pour son idole.

Et les nations oublièrent qu'elles provenaient d'un seul et même père, et l'Anglais dit : J'ai pour père *un vaisseau* et pour mère la *vapeur*. Le Français au contraire dit : J'ai pour père le *continent*, et pour mère *la bourse*. Tandis que l'Allemand dit : J'ai pour père un *atelier* et pour mère une *guinguette*.

Et les mêmes hommes qui avaient dit que c'était une folie de combattre

pour la foi contre les païens, ces mêmes hommes se battaient pour un lam-
beau de papier appelé traité ; ils se battaient pour la possession d'un port ou
d'une ville, comme des vassaux qui se
battent à coup de perches pour la li-
mite d'un territoire qui appartient non
à eux mais à leurs seigneurs.

Et les mêmes hommes qui avaient
dit que c'était une folie d'aller dans de
lointains pays défendre leurs semblables, ces mêmes hommes traversaient
des mers par ordre des rois, et com-
battaient pour des factoreries, des
sacs de laine et des sacs de poivre.
Et les rois les vendirent enfin eux-
mêmes, à prix d'argent, pour être
envoyés dans les pays d'outre-mer.

Et les nations se corrompirent au
point qu'entre tous les Allemands, et
les Italiens, et les Français, et les Es-

pagnols, il ne se trouva qu'un seul homme chrétien, sage, et chevalier. Il était natif de Gênes.

Celui-ci engageait tout le monde à cesser ces guerres intestines et à reconquérir le sépulcre de Notre-Seigneur et l'Asie, qui était devenue un désert, et aurait pu être un pays beau et peuplé entre les mains des chrétiens. Mais tous se moquaient de ce Génois, et disaient : Il rêve, et il est fou.

Cet homme pieux partit donc seul pour faire la guerre ; et comme il était seul et pauvre, il voulut d'abord découvrir le pays d'où vient l'or ; et après s'être muni de richesses, lever une armée et reconquérir la Terre-Sainte. Mais tous, entendant cela, s'écrièrent : Il délire.

Toutefois Dieu vit ses bonnes intentions, et il le bénit ; et cet homme découvrit l'Amérique, qui devint la terre de la liberté, une terre sainte. Cet homme se nommait Christophe Colomb; il fut le dernier chevalier croisé en Europe, et le dernier qui entreprit une expédition au nom de Dieu, et non pour son propre avantage.

Cependant en Europe l'idolâtrie croissait. Et comme chez les païens on avait d'abord adoré différentes vertus sous l'image des idoles, et puis différens vices, et ensuite des hommes et des bêtes, et enfin des arbres, des pierres et des figures de géométrie, ainsi en advint-il en Europe.

Car les Italiens se créèrent une idole qu'ils nommèrent *Equilibre politique*. Or, cette idole, les anciens païens ne l'avaient pas connue, et les Italiens furent les premiers qui en introduisirent chez eux le culte; et en combattant pour elle ils s'affaiblirent et s'hébétèrent, et tombèrent entre les mains des tyrans.

Alors les rois de l'Europe voyant que le culte de cette idole avait épuisé la nation italienne, la firent venir au plus tôt dans leurs états, et en propagèrent le culte, et ordonnèrent de se battre pour elle.

Après quoi, le roi de Prusse traça un rond, et dit: Voici un Dieu nouveau. Et l'on adora ce rond, et ce culte s'appela du nom d'*Arrondissement politique*.

Et il fut ordonné de considérer les nations créées à l'image de Dieu comme des masses inertes, et de les dégrossir, afin de les faire peser autant les unes que les autres. Et l'état, patrie des hommes, il fut ordonné de le regarder comme une pièce de monnaie qu'on rogne pour l'arrondir.

Et il y eut des philosophes qui firent l'éloge de tout ce que les rois avaient imaginé.

Et parmi ces faux sages, prêtres de *Baal*, de *Moloch*, et de l'*Équilibre*, il y en a eu deux de renommés au dessus des autres.

Le premier se nommait *Machiavel*, ce qui signifie en grec un homme *désireux de la guerre*, à cause de sa doctrine qui conduit à des guerres continuelles, telles qu'en eurent les Grecs païens.

Le second vit encore, et se nomme *Ancillon*, ce qui signifie en latin *fils de l'esclave*, à cause de sa doctrine qui mène à la servitude, telle qu'elle exista parmi les Latins.

Enfin survinrent dans l'Europe

païenne, trois rois ; le nom du premier était Frédéric II, de Prusse ; le nom du second était Catherine II, de Russie ; le nom du troisième était Marie-Thérèse d'Autriche.

Et ce fut une trinité diabolique, opposée à la trinité divine ; et elle était comme une dérision et une moquerie de tout ce qu'il y a de sacré.

Frédéric, dont le nom signifie *le pacifique*, imagina des guerres et des brigandages toute sa vie durant ; et ce fut comme si Satan, qui souffle partout la guerre, s'était fait par dérision appeler du nom du Christ : Dieu de la paix.

Et ce Frédéric, en dérision des anciens ordres de chevalerie, institua un ordre impie, auquel il donna pour devise *suum cuique*, ce qui veut dire : Rends à chacun ce qui lui revient.

Or, cet ordre était porté par ses valets, qui volaient et pillaient tout le monde.

Et ce Frédéric, en dérision de la sagesse, écrivit un livre qu'il intitula l'*Anti-Machiavel*, c'est-à-dire, l'adversaire de Machiavel, tandis que lui-même agissait conformément à la doctrine de Machiavel.

Or, *Catherine* signifie en grec *pure*, tandis qu'elle était la plus impure des femmes : comme si l'impudique Vénus se fût surnommée vierge pure.

Et cette Catherine institua un conseil destiné à confectionner des lois; ce qu'elle fit en dérision de toute législation, elle qui renversa et détruisit toutes les lois de ses semblables.

Et cette Catherine publia qu'elle

protégeait la liberté des cultes, ou la tolérance ; ce qu'elle fit en dérision de cette liberté, elle qui contraignit des millions de ses semblables à changer de religion.

De même *Marie-Thérèse* portait le nom de l'humble et immaculée mère du Sauveur, en dérision de toute l'humilité et de toute sainteté.

Car c'était une femme pleine d'orgueil, et faisant la guerre pour conquérir des pays qui ne lui appartenaient pas.

Et elle fut impie, parce que tout en priant et en se confessant, elle réduisit en servitude des millions de ses semblables.

Or, elle avait un fils nommé Joseph, qui portait le nom d'un patriarche, lequel patriarche ne se laissa point séduire par la femme de Putiphar, et délivra d'esclavage ceux-là mêmes de ses frères qui l'avaient vendu comme esclave.

Et ce Joseph d'Autriche induisit sa propre mère dans le mal ; et ceux de ses frères, c'est-à-dire les Polonais, qui avaient délivré son empire de l'esclavage que lui imposaient les Turcs, il les réduisit eux-mêmes en esclavage.

Les noms de ces trois rois, Frédéric, Catherine et Marie-Thérèse, sont trois blasphèmes, leurs vies trois forfaits, et leurs mémoires trois malédictions.

Alors cette trinité voyant que les peuples n'étaient pas encore aussi abrutis et aussi corrompus qu'elle le voulait, érigea une nouvelle idole, la plus exécrable de toutes, et elle appela cette idole *Intérêt* ; et cette idole n'était pas connue des païens de l'antiquité.

Et les peuples se corrompaient de plus en plus, et il ne se trouva plus parmi eux qu'un seul homme citoyen et soldat.

Cet homme conseillait de cesser de combattre pour l'intérêt, et de défendre la liberté du prochain ; et il est allé lui-même combattre pour elle dans la terre de la liberté, en Amérique. Cet homme s'appelle Lafayette. Et il est le dernier des anciens hommes de l'Europe dans lequel vit encore l'esprit de sacrifice, débris de l'esprit chrétien.

Cependant tous les peuples adoraient l'*Intérêt*. Et les rois dirent : Si nous propageons le culte de cette idole, il arrivera que de même qu'il y a aujourd'hui guerre de nation à nation, il y aura alors guerre de ville à ville et d'homme à homme.

Et les hommes redeviendront sauvages, et nous ressaisirons sur eux le même pouvoir qu'ont eu jadis les rois sauvages et idolâtres, et qu'ont maintenant les rois des nègres et les rois des cannibales, le pouvoir de dévorer leurs sujets.

Mais la nation polonaise seule n'adorait pas cette nouvelle idole, et elle n'avait pas même dans sa langue de nom pour la nommer, ni elle ni ses adorateurs, qu'elle appelait, d'après leur nom français, *égoïstes*.

La nation polonaise adorait Dieu, sachant que celui qui adore Dieu adore tout ce qui est bon.

Donc la nation polonaise est restée fidèle au Dieu de ses ancêtres depuis le commencement jusqu'à la fin.

Ses rois et ses guerriers n'envahirent jamais aucune nation fidèle, mais ils défendaient la chrétienté contre les païens et les barbares qui lui apportaient l'esclavage.

Et les rois de Pologne allaient pour la défense des chrétiens dans des pays lointains, le roi Ladislas à Warna, et le roi Jean à Vienne, pour la défense de l'orient et de l'occident.

Et jamais les rois et les guerriers de la Pologne ne s'emparaient de vive force des terres de leurs voisins ; mais ils recevaient les peuples dans leur fraternité, et les liaient à eux par le bienfait de la foi et de la liberté.

Et Dieu les récompensa, car une grande nation, la Lithuanie, s'unit à la Pologne, comme un époux à son épouse, deux ames dans un corps. Et il n'y eut jamais auparavant de pareille union. Mais il y en aura plus tard.

Car cette union et ce mariage de la Lithuanie et de la Pologne sont la figure de l'union future des peuples chrétiens au nom de la foi et de la liberté.

Et Dieu accorda aux rois et aux guerriers de la Pologne que tous ils s'appelassent frères, les plus riches comme les plus pauvres. Et il n'y eut jamais auparavant de pareille liberté. Mais il y en aura plus tard.

Les rois et les guerriers recevaient dans leur fraternité un nombre toujours croissant d'hommes du peuple, des légions entières et des tribus entières, et le nombre de ces frères devint grand comme celui d'une nation, et dans aucune nation il n'y a eu autant d'hommes libres et s'appelant frères comme en Pologne.

Et enfin, le jour du 3 mai, le roi

et les guerriers conçurent le projet de recevoir dans leur fraternité tous les Polonais, d'abord les bourgeois, et ensuite les paysans.

Et on appela les frères *Slachta* ou Nobles, parce qu'ils s'anoblissaient, c'est-à-dire devenaient frères des Lachs [1], hommes libres et égaux.

Et ils voulaient que chaque chrétien en Pologne fût anobli et s'appelât noble, pour indiquer qu'il devait avoir une ame noble et être toujours prêt à mourir pour la liberté.

De même qu'on appelait autrefois chrétien chaque homme qui recevait l'Evangile, pour indiquer qu'il était prêt à mourir pour le Christ.

La noblesse devait donc être le baptême de la liberté, et quiconque

[1] Ancien nom des Polonais primitifs.

était prêt à mourir pour la liberté devait recevoir ce baptême de la loi et du glaive.

Et la Pologne dit enfin : Quiconque viendra chez moi sera libre et égal à tous les autres, car je suis LA LIBERTÉ.

Mais les rois ayant appris cela, tremblèrent dans leurs cœurs, et ils se dirent : Nous avons chassé de la terre la liberté, et voilà qu'elle revient encore dans la personne de la nation juste qui n'adore pas nos idoles : allons et tuons cette nation. Et ils tramèrent entre eux une trahison.

Et le roi de Prusse vint, et il embrassa la nation polonaise, et il la salua, en lui disant : « Mon alliée. » Et il l'avait déjà vendue pour trente villes de la Grande-Pologne, comme Judas avait vendu le Christ pour trente deniers.

Et les deux autres rois s'élancèrent, et ils lièrent la nation polonaise. Et le Gaulois jugeait, et il dit : En vérité, je ne trouve pas de crime dans cette nation, et ma femme, la France, femme timide, est tourmentée par de mauvais rêves ; cependant prenez et suppliciez cette nation. Et il s'en lava les mains.

Et le gouverneur de la France dit : Nous ne pouvons pas avec notre sang et avec notre argent racheter cet innocent ; car mon sang et mon argent n'appartiennent qu'à moi, et le sang et l'argent de ma nation n'appartiennent qu'à ma nation.

Or, ce gouverneur dit le blasphème suprême contre le Christ, car le Christ enseignait que le sang du fils de l'homme appartient à tous ses frères.

Et aussitôt que le gouverneur eut

prononcé ces paroles, toutes les croix tombèrent du haut des tours de la ville impie, car le signe du Christ ne pouvait plus luire sur le peuple qui adorait une idole, *l'Intérêt.*

Cet homme déchira l'alliance des peuples, comme avait jadis déchiré sa robe le grand-prêtre juif en entendant la voix du Christ.

Et la nation polonaise fut suppliciée et mise dans un tombeau; et les rois s'écrièrent : Nous avons tué et enseveli la liberté.

Et ce fut un cri d'insensé; car, en accomplissant le crime suprême, ils comblèrent la mesure de leurs iniquités, et leur puissance finissait alors qu'ils se réjouissaient le plus.

Car la nation polonaise n'est pas morte; son corps est dans le tombeau, son âme est descendue de la terre, c'est-à-dire de la vie publique, aux Limbes, c'est-à-dire dans la vie privée des peuples qui souffrent l'esclavage, dans son pays et hors de son pays, pour voir leurs souffrances.

Et dans trois jours elle retournera à son corps, et la nation polonaise ressuscitera, et elle affranchira de l'esclavage tous les peuples de l'Europe.

Et deux jours se sont déjà écoulés ; le premier jour finit avec la première prise de Varsovie, et le second jour finit avec la seconde prise de Varsovie, et le troisième jour commencera, mais il ne finira point.

Et comme, lors de la résurrection du Christ, cessèrent sur toute la terre les victimes sanglantes, ainsi les guerres cesseront dans toute la chrétienté lors de la résurrection de la nation polonaise.

Seconde Partie.

INSTRUCTIONS ET PARABOLES
A L'USAGE DES PÉLERINS.

L'ame de la nation polonaise, ce sont les pélerins polonais.

Et chaque Polonais en pélerinage ne s'appelle pas réfugié, car un réfugié ne songe qu'à trouver un refuge sûr, et ne voit rien au delà.

Il ne s'appelle pas non plus exilé, car l'exilé est un homme forcé de quitter son pays par le décret d'une autorité légitime, et le Polonais n'est pas exilé par une autorité légitime.

Le Polonais en pélerinage n'a pas encore de nom, mais son nom lui sera donné dans son temps, comme on a donné un nom aux confesseurs du Christ quand le temps en est venu.

Et, en attendant, le Polonais s'appelle pélerin, parce qu'il a fait le vœu d'aller en pélerinage à la Terre-Sainte, c'est-à-dire à sa patrie affranchie, et il a fait vœu de poursuivre son pélerinage jusqu'à ce qu'il la trouve.

Mais la nation polonaise n'est pas Dieu comme le Christ, et son âme voyageant en pélerinage dans les Limbes peut se tromper de chemin; et son retour à son corps, et sa résurrection seraient ainsi retardés.

Lisons donc avec attention l'Evangile du Christ;

Et ces instructions et paraboles qu'un chrétien pélerin a recueillies de la bouche et des écrits des chrétiens polonais, martyrs et pélerins.

I.

Il y avait sur une mer de grands vaisseaux de guerre et une petite barque de pêcheurs. Et il se fit un temps orageux d'automne; et pendant ce temps, plus un vaisseau est grand plus il est sûr, et moins il est grand plus il court de danger.

Et les hommes qui étaient sur le rivage disaient : Bienheureux les navigateurs des grands vaisseaux; malheur à ceux qui naviguent en automne dans une barque.

Mais les hommes du rivage ne voyaient pas que, dans les grands vaisseaux, les matelots s'étaient enivrés et révoltés, et qu'ils avaient cassé les instrumens avec lesquels le pilote observait les étoiles, et brisé la boussole. Cependant les vaisseaux paraissaient aussi grands et aussi solides qu'auparavant.

Mais ne pouvant pas être gouvernés d'après les étoiles, et n'ayant pas de boussole, les grands vaisseaux dérivèrent et furent submergés.

Et la petite barque, qui se gouvernait d'après le ciel et la boussole, ne dériva pas, et arriva au rivage; et quoiqu'elle fît naufrage avant de l'atteindre, les hommes se sauvèrent, et ils sauvèrent leurs instrumens et leur boussole. Et ils reconstruiront leur barque.

Et il devint évident que la grandeur et la solidité des vaisseaux sont très utiles, mais que sans étoiles et sans boussole elles ne sont rien.

Et l'étoile des pélerins c'est la foi

céleste, et la boussole c'est l'amour de la patrie.

L'étoile éclaire partout, et la boussole indique toujours le nord. Et avec cette boussole on peut naviguer aussi bien dans l'orient que dans l'occident; et sans elle, même dans le nord, il n'y a que erreur et naufrage.

Voilà pourquoi, avec la foi et l'amour, elle arrivera au port, la barque des pélerins polonais; et sans foi et sans amour les peuples grands et puissans dériveront et feront naufrage; et si quelqu'un d'entr'eux se sauve, il ne reconstruira pas de vaisseau

II.

Pourquoi l'héritage de la liberté future du monde est-il donné à votre nation ?

Vous savez qu'un homme qui a plusieurs proches ne lègue pas sa fortune à celui d'entr'eux qui est le plus fort, ni à celui qui est le plus industrieux, ni à celui qui fait bonne chère et qui boit le plus abondamment.

Mais il la laisse à celui qui l'aime le plus et qui reste auprès de lui, quand les autres courent après le plaisir et le profit.

Voilà pourquoi votre nation a reçu l'héritage de la liberté.

Pourquoi la promesse de résurrection a-t-elle été donnée à votre nation ?

Ce n'est pas parce que votre nation a été puissante ; car les Romains ont été plus puissans, et ils sont morts, et ils ne sont pas ressuscités.

Ce n'est pas parce que votre République a été ancienne et célèbre ; car Venise et Gênes ont été plus anciennes et plus célèbres, et elles sont mortes, et elles ne sont pas ressuscitées.

Ce n'est pas parce que votre nation a été instruite dans les sciences ; car la Grèce, mère des philosophes, est morte, et elle est restée dans son tombeau jusqu'à ce qu'elle eût oublié toute sa science ; et lorsqu'elle eut tout oublié, voilà qu'elle commença à donner des signes de vie.

Et les royaumes de Westphalie, d'Italie et de Hollande, que vous avez vus naître et mourir, étaient très éclairés ; et ils ne sont pas ressuscités.

Et vous serez ressuscités de votre tombeau, car vous avez la foi, l'espérance et l'amour.

Vous savez que le premier mort que le Christ a ressuscité était Lazare.

Et le Christ ne ressuscita ni un général, ni un philosophe, ni un marchand, mais Lazare.

Et l'Écriture dit que le Christ l'aimait, et que ce fut le seul homme que le Christ ait pleuré.

Or, qui est aujourd'hui Lazare parmi tous les peuples de la terre?

III.

Pélerin polonais, tu as été riche, et voilà que tu souffres la pauvreté et la misère : et tu apprendras ainsi ce que c'est que la pauvreté et la misère ; et de retour dans ton pays, tu diras : Vous tous, pauvres et malheureux, vous êtes mes cohéritiers.

Pélerin, tu faisais les lois, et tu avais droit à la couronne, et voilà que sur la terre étrangère tu es mis hors la loi : et tu connaîtras ainsi ce que c'est que l'absence de protection légale ; et de retour dans ton pays, tu diras : Vous tous, étrangers, vous êtes législateurs aussi bien que moi.

Pélerin, tu avais de l'instruction, et voilà que l'instruction que tu estimais, t'est devenue inutile, et celle que tu négligeais, tu en reconnais maintenant le prix : et tu connaîtras ainsi ce que c'est que la science de ce monde ; et, de retour dans ton pays, tu diras : Vous tous, simples d'esprit, vous êtes mes condisciples et mes frères.

IV.

Ne cherchez pas d'abri auprès des princes, des magistrats, et des sages des pays étrangers. Il est fou celui qui, par un temps orageux, lorsque le ciel gronde, cherche un abri auprès des grands chênes, ou s'enfuit sur les grandes eaux.

Les princes et les magistrats de ce siècle sont comme ces grands chênes, et la science de ce siècle comme ces grandes eaux.

Ne croyez pas que le pouvoir soit mauvais en lui-même, ni que la science soit mauvaise en elle-même : ce sont les hommes qui les ont corrompus.

Car le trône du pouvoir selon le

Christ devait être une sorte de croix à laquelle un juste se laissait attacher et torturer pour le bien d'autrui.

C'est pour cela que les rois étaient sacrés de même que les prêtres, pour recevoir la grace du sacrifice ; et le vicaire du Christ avait le titre de serviteur des serviteurs.

Et la science selon le Christ devait être la parole de Dieu, le pain et la source de la vie. Le Christ a dit : L'homme ne vit pas seulement de pain, mais aussi de parole.

Et aussi long-temps qu'il en a été ainsi, on a révéré le pouvoir et la science. Mais ensuite des hommes vils ont commencé à convoiter le pouvoir comme un lit chaud pour y dormir, et à estimer une charge publique comme on estime un cabaret de grand chemin, d'après ce qu'il rapporte.

Et les savans ont distribué du poison au lieu de pain, et leur voix est devenue comme le fracas d'un moulin vide, dans lequel il n'y a pas un grain de foi. Le moulin continue son fracas, mais il ne donne plus de nourriture.

Et votre pélerinage est devenu la pierre de touche des princes et des docteurs de ce monde : car, dans votre pélerinage, n'avez-vous pas reçu plus de secours des mendians que des princes? et dans vos combats, et dans vos prisons, et dans votre pauvreté, n'avez-vous pas trouvé plus de nourriture dans une prière, que dans toute la science des Voltaire et des Hégel, laquelle est comme du poison; et plus que dans toute la science des Cousin et des Guizot, lesquels sont comme des moulins vides?

C'est pourquoi le pouvoir et la science sont tombés en mépris : car un homme vil est appelé maintenant en Europe *ministériel*, c'est-à-dire homme du pouvoir, et un sot est appelé *doctrinaire*, c'est-à-dire savant.

Il en était de même au temps de la venue du Christ : car un publicain romain, c'est-à-dire un employé du fisc, signifiait voleur ; un proconsul, c'est-à-dire un gouverneur de province, signifiait concussionnaire ; un phariséen, c'est-à-dire un homme de la loi juive, signifiait chicaneur ; et un sophiste, c'est-à-dire un savant grec, signifiait fripon. Et cette signification leur est restée jusqu'au jour d'aujourd'hui.

Et depuis votre venue, une pareille signification s'attachera dans la chrétienté au titre de *roi*, et au titre de *Pair*, et au titre de *lord*, et au titre de *ministre*, et au titre de *professeur*.

Mais vous avez reçu la vocation de réhabiliter le pouvoir et la science dans votre pays et dans toute la chrétienté.

Car ceux d'entre vous auxquels vous obéissez, ne sont pas ceux qui dorment le plus tranquillement sur leurs siéges, et qui tirent le plus grand profit de leurs charges.

Mais ceux qui ont le plus de soucis, et qui dorment moins tranquillement que vous; et qui sont persécutés et calomniés plus que vous; et qui ont abandonné leurs richesses et leurs terres; et à qui, s'ils tombent au pouvoir de l'ennemi, il est réservé un supplice plus cruel qu'à vous.

Et dans d'autres pays, lorsque l'ennemi entre et change le gouvernement, il arrive que la misère et la mort sont pour le peuple seul, et les gens du pouvoir sont toujours au pouvoir, et les gens de la science débitent toujours leur science ; les uns et les autres servant également tous les gouvernemens, et en étant également payés.

Et parmi vous, vous savez que ceux qui étaient les meilleurs de vos sénateurs, de vos députés et de vos généraux sont appelés par le Czar les plus coupables ; et ceux qu'il appelle les plus coupables sont les plus estimés, et ceux qu'il fera mourir dans les supplices seront vénérés comme des saints.

Et les sages parmi vous ne sont pas ceux qui se sont enrichis en vendant leur sagesse, et qui ont acheté des terres et des maisons, et qui ont reçu des rois de l'or et de la faveur.

Mais bien ceux qui ont prêché la parole de la liberté, et qui ont subi la prison et le knout ; et ceux qui ont le plus souffert sont les plus estimés, et ceux qui ont scellé leur doctrine par leur sang seront vénérés comme des saints.

Je vous le dis en vérité, que toute l'Europe apprendra de vous, qui sont ceux qu'elle doit appeler puissans et sages. Car maintenant, en Europe, le pouvoir est un opprobre et la science une folie.

Mais s'il y en a parmi vous qui disent : Nous voilà sans autre arme que le bâton de pèlerin ; comment pourrons-nous changer l'ordre établi dans les nations grandes et puissantes ?

Ceux qui parlent ainsi doivent se rappeler que l'empire romain était grand comme le monde, et que l'Empereur romain était puissant comme tous les rois d'aujourd'hui pris ensemble.

Et voilà que le Christ envoya contre l'Empereur douze hommes simples ; mais comme ces hommes avaient l'esprit saint, l'esprit de sacrifice, ils vainquirent l'Empereur.

Et s'il y en a parmi vous qui disent : Nous ne sommes que des soldats illettrés, comment pourrons-nous vaincre par notre parole les sages des nations les plus éclairées et les plus civilisées ?

Ceux qui parlent ainsi doivent se rappeler que les sages d'Athènes passaient pour être les plus éclairés et les plus civilisés du monde, et qu'ils n'en furent pas moins vaincus par la parole des apôtres ; car les apôtres ayant prêché au nom de Dieu et de la liberté, le peuple abandonna les sages, et suivit les apôtres.

V.

On vous dit souvent que vous êtes au milieu des nations civilisées , et que vous devez recevoir d'elles la civilisation : mais apprenez que ceux qui vous parlent de civilisation ne savent pas eux-mêmes ce qu'ils disent.

Le mot de *civilisation* signifiait le civisme, et vient du mot latin *civis*, citoyen ; et on appellait citoyen, l'homme qui se sacrifiait pour sa patrie, comme Scévola, et Curius, et Décius ; et un tel sacrifice était un acte de civisme. C'était une vertu païenne moins parfaite que la vertu chrétienne, laquelle nous ordonne de nous sacrifier non seulement pour notre patrie, mais pour tous les hommes ; cependant, c'était toujours une vertu.

Mais ensuite, dans la confusion impie des langues, on a appelé civilisation une parure élégante et à la mode, une cuisine recherchée, des auberges commodes, de beaux théâtres et des routes bonnes et larges.

En vérité, non seulement un chrétien, mais un païen romain, s'il sortait du tombeau, et s'il voyait les hommes que l'on appelle aujourd'hui civilisés, s'indignerait, et demanderait de quel droit ils osent s'arroger un titre qui vient du nom de citoyen, *civis*.

Donc, n'admirez pas tant des nations qui s'engraissent dans le bien-être, et qui sont les plus industrieuses et les mieux administrées.

Car si une nation qui vit dans le bien-être et qui fait bonne chère doit être la plus estimée, vous devriez donc estimer le plus ceux d'entre vous qui sont les plus gros et les plus robustes. Ce sont là des qualités d'animaux, mais à l'homme cela ne suffit pas.

Et si les nations industrieuses doivent être les plus admirées, vous devriez donc admirer le plus les fourmis, qui nous surpassent tous en industrie ; mais à l'homme cela ne suffit pas.

Et si les nations les mieux administrées doivent être réputées les plus civilisées, où y a-t-il une meilleure administration que dans une ruche? Reconnaissez donc la supériorité de la civilisation des abeilles! Mais à l'homme cela ne suffit pas.

Car la seule civilisation vraiment digne de l'homme, c'est la civilisation chrétienne.

Un certain père avait plusieurs fils,

et il les élevait lui-même, dans la piété et dans la vertu, et ensuite il envoya les plus âgés d'entre eux à une grande école.

Donc les plus âgés étant vertueux et diligens, étudiaient bien, et méritèrent l'estime de tout le monde; et ils réussissaient en tout, et ils acquirent beaucoup de science.

Cependant comme tout allait à leur gré, ils s'enflèrent d'orgueil, et se dirent: Les hommes nous estiment, et pour cause, car nous sommes plus savans que bien d'autres; et il faut que nous ayons un meilleur logement, et des habits plus riches, et que nous jouissions du monde plus que les autres.

Mais le père ne leur envoyait pas assez d'argent, car il n'en envoyait que pour fournir à leurs besoins, et

non pas à leur luxe. Il cessèrent donc
de s'adresser à leur père, et ils rom-
pirent avec lui, et ils commencèrent
eux-mêmes à chercher de l'argent,
d'abord par des moyens licites, ensuite en contractant des dettes sur leur
héritage; et ils trouvèrent un usurier
qui leur en fournissait largement, sûr
qu'il était de leur ruine. Et étant devenus tristes et soucieux, ils cher-
chèrent à se consoler par l'ivresse et
la débauche, et ils se dirent : Notre
père nous a prévenus des mauvais
effets de l'ivrognerie et de la débauche, mais maintenant nous pouvons
nous en remettre à notre propre raison : voyons donc si nous ne pourrons
pas nous consoler par le vin et le
plaisir, en en faisant un usage mesuré,
comme il convient à des hommes rai-
sonnables.

Mais bientôt ils perdirent toute mesure, et ils devinrent ivrognes et débauchés, et pour avoir de l'argent ils devinrent fripons. Cependant l'usurier ayant déjà des droits sur tout leur héritage, et muni contre eux d'un arrêt de prise de corps, ne leur donnait plus rien.

Ils tombèrent donc dans la misère; et le père ayant appris tout cela, les deshérita, et ils furent donnés à l'usurier en esclavage; et là, condamnés à de durs travaux, ils se rappelaient les avis de leur père, et ils disaient dans leur cœur : C'est malheur que nous ne les ayons pas suivis. Mais comme ils étaient orgueilleux, ils ne voulaient pas demander pardon à leur père qui les pleurait. Et eux qui avaient péché sans honte à la face du monde, s'avisèrent d'avoir honte des misérables, leurs compagnons de travail; et ils craignirent que ces misérables ne dissent : Voilà des hommes d'un cœur mou, qui pleurent et qui demandent pardon à leur père. Et ainsi ils moururent.

Et les voisins, qui voyaient tout cela, disaient : Ces jeunes gens ont été vertueux tant qu'on les a gardés à la maison; mais dès qu'on les a envoyés à l'école, ils sont devenus mauvais : certainement, la science est une mauvaise chose; tenons donc nos enfans dans l'ignorance.

Mais le père était un homme sage, et il ne s'alarma point de ces propos, et il envoya aussi ses jeunes fils à la grande école; mais il leur enjoignit de n'oublier jamais l'exemple de leurs frères aînés.

Donc ils n'oublièrent jamais les

avis de leur père, et ils étudièrent aussi bien que leurs frères aînés; mais ils restèrent vertueux et estimés, et ils ont démontré aux voisins que la science est une bonne chose, si l'on obéit toujours à son père.

Ce père, c'est l'église chrétienne; et ses fils aînés, ce sont les Français, les Anglais et les Allemands; et l'argent c'est le bien-être et la gloire du monde; et l'usurier, c'est le diable; et les frères puînés, ce sont les Polonais, les Irlandais et les Belges, et les autres peuples croyans.

VI.

Sur quels hommes votre patrie a-t-elle fondé ses plus hautes espérances, et les fonde-t-elle encore aujourd'hui?

Ce n'a point été sur les hommes qui s'habillaient le mieux et qui dansaient avec le plus de grace, et qui avaient la cuisine la plus recherchée; car la plupart de ces hommes n'avaient pas d'amour pour la patrie.

Ce n'a point été non plus sur les hommes qui avaient autrefois servi et qui ont appris le mieux à exécuter des marches et des manœuvres militaires, et à disserter, et à écrire des livres sur la guerre; car la plupart de ces hommes n'avaient pas de foi dans la cause de la patrie.

Mais ç'a été sur les hommes que vous appeliez bons Polonais, pleins d'esprit de sacrifice, sur de simples et loyaux soldats, et sur la jeunesse.

Or, l'humanité est une patrie dont les nations sont les habitans. L'humanité fonde ses espérances sur les nations croyantes, pleines d'amour et d'espérance.

Je vous le dis en vérité : Vous n'êtes pas venus pour apprendre des étrangers leur civilisation ; mais vous êtes venus pour leur enseigner la vraie civilisation chrétienne.

Il est bon d'apprendre l'industrie, et les arts, et les sciences : et ce n'est pas seulement chez les Européens, mais encore chez les Turcs et chez les Sauvages, que l'on peut apprendre des choses fort utiles. Apprenez-les donc, à fin de vivre de votre propre travail, comme les apôtres vivaient des travaux de charpentier, et de tisserand, et de tonnelier ; mais ils n'oubliaient jamais qu'ils étaient apôtres, appelés à enseigner des choses plus hautes que toutes les industries, et tous les arts, et toutes les sciences.

Gardez-vous de lutter avec les étrangers infidèles par des discours et des raisonnemens, car vous savez qu'ils sont bavards et criailleurs comme des écoliers, et le maître le plus savant ne parvient jamais à rabattre le caquet d'un écolier insolent et criard. Instruisez-les plutôt par votre exemple, et à leur bavardage répondez par les paraboles de l'Évangile du Christ, et par les paraboles de ces livres de votre pélerinage.

VII.

Jésus-Christ a dit : Celui qui me suit, doit abandonner son père et sa mère, et risquer son ame.

Et le pélerin polonais dit : Celui qui suit la liberté, doit abandonner sa patrie et risquer sa vie.

Car celui qui reste dans sa patrie, et qui souffre l'esclavage pour conserver sa vie, perdra et sa patrie et sa vie ; et celui qui abandonnera sa patrie pour défendre la liberté au risque de sa vie, sauvera sa patrie, et il aura la vie éternelle.

Dans les anciens jours, après qu'on eut bâti la première ville sur la terre, il y éclata un grand incendie.

Alors, parmi les habitans de cette

ville, les uns se levèrent de leurs lits, et se mirent à regarder par les fenêtres; et voyant que le feu était loin d'eux, ils retournèrent dans leurs lits, et ils s'endormirent.

Et les autres, voyant le feu plus près d'eux, restèrent sur le seuil de leurs portes, et ils disaient : Nous éteindrons ce feu quand il viendra chez nous.

Mais le feu s'accrut violemment, et il brûla les maisons de ceux qui restaient à leurs portes, et ceux qui dormaient, il les brûla avec leurs maisons.

Cependant, il y avait aussi quelques hommes dévoués : ceux-là, voyant le feu, quittèrent de suite leurs maisons, et portèrent leurs secours aux voisins; mais comme il y avait peu d'hommes dévoués, l'incendie ne put être arrêté.

Or, quand la ville fut incendiée, ces hommes dévoués, aidés de leurs voisins, la rebâtirent, et tout le peuple des environs les aida; et on éleva une ville plus grande et plus belle que la première.

Mais ceux qui n'étaient pas allés au feu, et qui étaient restés sur le seuil de leurs portes, on les chassa de la ville; et ils moururent de faim.

Et dans la ville on décréta que, dans le cas d'un incendie, tous devaient courir au feu avec des échelles, des perches et de l'eau, ou bien qu'on assignerait certaines gens pour veiller de nuit, et pour travailler à éteindre le feu, s'il éclatait.

Et, depuis ce temps, cette loi est introduite dans toutes les villes, et on y dort sans crainte de l'incendie.

Or, cette ville c'est l'Europe, et le

feu c'est l'ennemi de l'Europe, le despotisme, dont le siége est en Russie ; et les hommes qui dorment ce sont les Allemands, et les hommes qui restent à leurs portes ce sont les Français et les Anglais, et les hommes dévoués ce sont les Polonais.

VIII.

Anciennement il y avait en Angleterre des hommes riches qui possédaient de grands troupeaux de bœufs et de moutons.

Mais les loups faisaient irruption souvent dans leurs champs, et y causaient de grands ravages.

Ils prirent donc leurs armes et leurs chiens, et ils chassaient et tuaient les loups ; mais les loups, chassés d'un côté, revenaient de l'autre côté, et pour un loup de tué il en naissait dix. Et les hommes riches chassant sans cesse s'appauvrirent, forcés qu'ils étaient d'entretenir beaucoup de chiens et d'acheter beaucoup d'armes, et leurs troupeaux périrent.

Cependant d'autres hommes riches, qui étaient plus sages, dirent : Poursuivons les loups plus loin et jusque dans la forêt, et nous les détruirons dans leurs tanières. Mais d'autres loups arrivèrent des autres forêts, et ces hommes riches s'appauvrirent aussi, et ils perdirent leurs troupeaux.

Étant ainsi appauvris, ils allèrent chez leurs voisins, et ils dirent : Rassemblons tout le peuple, et chassons les loups pendant toute une année, jusqu'à ce que nous les ayons détruits dans toute l'île. Car l'Angleterre est une île.

Ils allèrent donc, et ils chassèrent jusqu'à ce qu'ils eussent anéanti la race entière des loups, et alors ils déposèrent les armes et relâchèrent leurs chiens ; et leurs troupeaux paissent sans pasteur depuis ce jour-là jusqu'au jour d'aujourd'hui.

IX.

Or il y avait en Italie un canton très fertile en huile et en riz, mais insalubre, car chaque été il y survenait une peste, dont le nom est *malaria*, et qui cause une fièvre mortelle.

Alors, des hommes de ce pays, les uns brûlaient des parfums en y dépensant beaucoup d'argent, les autres construisaient des murs du côté de l'occident d'où venait la peste, les autres s'enfuyaient pendant la saison insalubre; cependant tous moururent, et le pays fut dépeuplé, et ses bosquets d'oliviers et ses champs de riz devinrent la demeure de porcs sauvages.

Et la *malaria* gagna un canton voisin , et les habitans commençaient encore à brûler des parfums et à s'enfuir, jusqu'à ce qu'il s'y trouvât un homme sage qui leur dit :

La peste se forme loin de vous dans un marais, à cinquante milles d'ici ; allez donc et desséchez ce marais ; et si vous mourez vous-mêmes du mauvais air, vos enfans resteront dans votre héritage, et tout le canton vous bénira.

Mais ces hommes hésitèrent à aller si loin, et craignirent la mort ; aussi moururent-ils bientôt dans leurs lits. La peste avança, et elle envahit dix cantons semblables.

Car quiconque ne quitte pas sa maison, et ne va pas au devant du mal pour l'extirper de la surface de la terre, verra le mal venir le trouver lui-même, et se dresser devant sa face.

X.

N'oubliez jamais que vous êtes au milieu des étrangers infidèles comme un troupeau au milieu de loups, et comme un camp dans un pays ennemi, et alors la concorde sera parmi vous.

Ceux qui sont désunis sont comme les brebis qui s'écartent du troupeau parce qu'ils ne sentent pas le loup, ou comme les soldats qui quittent le camp parce qu'ils ne voient pas l'ennemi ; mais s'ils le voyaient ils resteraient unis.

Et votre ennemi c'est non seulement la trinité satanique, mais tous ceux qui agissent et parlent au nom de cette trinité, et le nombre en est grand parmi les étrangers adorateurs de la *Force*, et de la *Nécessité*, et de l'*Équilibre*, et de l'*Arrondissement*, et de l'*Intérêt*.

Vous n'êtes pas tous également bons, mais celui qui est le moins bon parmi vous est meilleur qu'un bon parmi les étrangers infidèles, car chacun de vous a l'esprit de sacrifice.

Et si quelques uns d'entre vous diffèrent des autres, c'est parce qu'ils ont mis sur eux des vêtemens étrangers; les uns s'affublant de bonnets rouges de France, les autres d'hermines d'Angleterre, et les autres enfin de toges et de bonnets carrés d'Allemagne. Et la mère elle-même ne reconnaît pas souvent ses enfans déguisés.

Mais aussitôt qu'ils s'habilleront tous en *tchamaras*[1] polonaises, ils se recon-

---

[1] Vêtement national des Polonais.

naîtront tous, et ils s'asseyeront tous sur les genoux de leur mère, et elle les embrassera tous avec le même amour.

Ne recherchez pas sans cesse dans le passé des fautes et des péchés. Vous savez que le confesseur nous défend de penser aux péchés que nous avons commis, et encore plus d'en jaser avec les autres, car de telles pensées et de tels discours font retomber dans le péché.

Ne criez pas : Voici un homme qui a sur lui telle tache, je dois la montrer ; voici un homme qui a commis telle faute. Soyez-en sûr, il se trouvera des hommes dont le devoir sera de fouiller toutes ces souillures, et des juges pour les juger, et un bourreau pour les châtier.

Quand vous allez par la ville, est-ce que vous en nettoyez le pavé s'il y a de la boue? Et quand on saisit en votre présence un voleur, vous empressez-vous de le traîner au gibet? Il y a des hommes dont tout cela est l'affaire.

Et de ces hommes-là il n'en manquera jamais, car quand il a fallu un bourreau récemment, dans une ville infidèle, il s'est présenté aussitôt pour le remplacer trois cent soixante-six candidats.

En parlant du passé, si vous répétez : Dans cette bataille on a fait telle faute, et telle faute dans celle-là : c'est bien; mais ne vous croyez pas pour cela très savans, car il est aisé de voir les défauts, et difficile de voir le mérite.

Si, dans un tableau, il se trouve une tache noire ou un trou, le premier sot venu l'apercevra; mais les beautés du tableau ne seront vues que du connaisseur.

Les hommes bons jugent toujours en commençant par le bon côté.

En se préparant à l'avenir, il faut revenir par la pensée sur le passé, mais pas plus qu'un homme qui se prépare à franchir un fossé, ne recule pour mieux s'élancer.

XI.

Vous êtes parmi les étrangers comme des naufragés sur un rivage lointain.

Un certain vaisseau ayant échoué, une partie de son équipage gagna à la nage une côte voisine, qui était celle d'un pays étranger.

Or, parmi ceux qui se sauvèrent, il y avait des soldats, et des matelots gens de mer, et des artisans, et des savans qui écrivaient des livres.

Tous se plaignaient, et tous désiraient retourner dans leur patrie, et ils se mirent à en délibérer.

Le peuple de ce rivage ne leur donnait ni vaisseau, ni canot; et comme il était avare, il ne voulait leur donner du bois que pour de l'argent.

Ils allèrent donc dans la forêt, et ils commencèrent à examiner les arbres, et à discuter sur la quantité dont ils auraient besoin, et sur le genre de vaisseau qu'ils devraient construire ; s'il devait être semblable à l'ancien ou bien d'une nouvelle forme, si ce serait une frégate, ou un brick, ou une goëlette.

Cependant les hommes du rivage accoururent au bruit des querelles, et chassèrent les naufragés de la forêt.

Ceux-ci commencèrent donc à se plaindre, et se mirent à en délibérer.

Les uns disaient que c'était le pilote qui avait été cause du naufrage, et voulaient le tuer, mais il était déjà noyé : les autres accusaient les matelots ; mais comme ils avaient peu de gens de mer, et qu'après les avoir tués ils n'auraient pas su comment naviguer, ils ne purent que les injurier et se moquer d'eux.

Les uns démontraient que le naufrage était dû au vent du nord ; les autres l'imputaient au vent d'ouest ; d'autres en accusaient un rocher sous l'eau. Et il s'éleva entre eux une grande dispute, et elle dura une année tout entière, et ils ne décidaient rien.

Ils se dirent donc : Séparons-nous, et cherchons des moyens de vivre. Et les charpentiers allèrent construire des maisons, et les maçons faire des murs, et les savans écrire des livres pour les étrangers ; chaque ouvrier selon son métier.

Et il arriva que tous soupiraient après la patrie : et les uns ne savaient pas bâtir d'après les ordres des architectes étrangers, et les autres ne savaient pas l'écriture de ces hommes-là.

Ils se plaignaient donc, et se mirent de nouveau à en délibérer.

Et il se trouva parmi eux un homme simple, qui avait gardé jusqu'alors le silence, car il était pacifique; celui-là prit la parole, et dit :

En ne songeant qu'à travailler et à manger, vous oubliez que nous devons retourner dans notre patrie, et que nous ne pouvons y retourner que dans un vaisseau, et par mer.

Ainsi donc, que chacun de vous fasse des maisons, des murs ou des livres; mais en même temps que chacun achète une hache, et qu'il apprenne à naviguer.

Et que ceux d'entre nous qui sont marins étudient la mer, et les rivages, et les vents de ce pays.

Et quand nous serons prêts, nous irons dans la forêt, et nous construirons vite un vaisseau, avant que les hommes du rivage ne s'en aperçoivent : et s'ils veulent s'y opposer, alors, ayant des haches, nous nous défendrons.

Ils dirent donc : Choisissons le pilote.

Les uns le voulaient vieux, les autres jeunes ; les maçons en voulaient un et les savans un autre. Et cette querelle dura une demi-année, et ils ne décidaient rien.

Alors cet homme simple leur dit : Choisissez d'abord le charpentier qui vous construira vite un vaisseau, et que le vaisseau soit pour le moment de l'ancienne forme, car nous n'avons pas le temps d'en essayer une nouvelle.

Et quand nous serons embarqués et

partis, nous assemblerons ceux qui, parmi nous, sont hommes de mer, et nous leur ferons choisir un pilote.

Les hommes de mer ne voudront pas plus que nous être noyés, donc ils choisiront bien.

Et s'il y a même alors parmi nous une querelle, elle finira facilement, car ceux qui seront les plus forts lieront les autres ou les jetteront à la mer ; tandis que, sur ce rivage, nos querelles ne finiront jamais, car il nous y est défendu de tuer ou de lier personne.

Ils firent ainsi qu'il leur conseillait, et ils partirent heureusement.

XII.

Dans vos assemblées et vos délibérations, n'imitez pas les idolâtres.

Car il y en a eu parmi vous qui ont entamé des délibérations, des conjurations où il fallait de la sagesse et de l'union, pendant des dîners et des soupers, en mangeant et en buvant.

Or, qui a jamais vu que la sagesse sortît d'un ventre plein, et l'union de têtes ivres, ou que la viande et le vin fissent ressusciter une nation ?

Et voilà pourquoi de semblables projets et de semblables conspirations échouent toujours, car tel qu'en est le commencement, telle en est la fin.

Et les médecins savent qu'un enfant conçu d'un père qui a mangé et bu à

l'excès, est sot, et qu'il ne vit pas long-
temps.

Vous donc commencez vos projets
et vos délibérations selon la coutume
de vos aïeux, en allant à la messe et à
la sainte communion ; et ce que vous
entreprendrez alors sera sage.

Car on n'a jamais vu que les hommes
fussent désunis le jour où ils s'étaient
approchés pieusement de la sainte communion, ni qu'ils eussent peur ce
jour-là.

En entrant au conseil, humiliez-vous
à vos propres yeux; car, sans humilité,
il n'y a point de concorde.

Et celui qui veut réunir les sommets
des arbres doit les incliner : inclinez
donc vos raisons, et elles se réuniront.

Dans vos fêtes n'imitez pas les idolâtres.

Car les idolâtres parmi lesquels vous

vivez, célèbrent leurs anniversaires de réjouissance ou de deuil toujours de la même manière, c'est-à-dire en mangeant et en buvant : la table est leur autel et le ventre est leur dieu.

Vous, au contraire, célébrez vos fêtes nationales, la fête de l'insurrection, et la fête de Grochow [1], et la fête de Wawer [2]; célébrez-les selon l'usage de vos aïeux, en allant le matin à l'église et en jeûnant toute la journée.

Et l'argent que vous épargnerez ce jour-là, donnez-le à vos anciens pour nourrir votre mère, la patrie. Et pour une telle cérémonie, vous n'aurez à

[1] Victoire remportée par le prince Radziwill et Chlopicki sous les murs de Praga, le 25 février 1831.

[2] Victoire remportée par Skrzynecki le 30-31 mars 1831.

craindre la défense d'aucun magistrat ; et vous n'aurez besoin ni de louer de grandes maisons, ni de vous rassembler tumultueusement sur les places publiques.

N'imitez pas les idolâtres dans vos costumes.

Car les idolâtres parmi lesquels vous vivez, veulent faire respecter les fonctions publiques, non par le sacrifice, mais par le costume ; et ils s'affublent de pourpre, et d'hermine, et de rubans, et d'ordres ; et ils sont comme des femmes de mauvaise vie qui se mettent du blanc et du rouge, et plus elles sont laides, plus elles se parent.

Vous, vieux et jeunes, portez les tchamaras d'insurgés ; car, tous, vous êtes soldats de l'insurrection nationale. Et on appelle en polonais tchamara le costume dont on revêtait un mourant.

Or, plusieurs d'entre vous mourront dans la parure d'insurgé, et tous doivent être prêts à mourir ainsi.

Qui ne reconnaîtra pas sous la tchamara d'insurgé l'homme qui a vaincu à Wawer [1], et l'homme qui a vaincu à Stoczek [2], et l'homme qui a ramené l'armée de Lithuanie [3], et l'homme qui a commandé le régiment de Wolhynie [4], et l'homme [5] qui a dit dans les premiers jours de l'insurrection : Jeunes gens, exécutez votre projet, allez et combattez; et les jeunes hommes qui les premiers chassèrent le tyran [6];

[1] Skrzynecki.
[2] Dwernicki.
[3] Dembinski.
[4] Charles Rozycki.
[5] Lelewel.
[6] Wysocki et les Porte-enseignes qui attaquèrent le Belvédère dans la nuit du 29 novembre 1830.

et l'homme qui le premier a crié *à bas Nicolas* [1] *!* Leurs noms sont connus dans le monde.

Mais qui sait comment s'appellent le roi de Naples et le roi de Sardaigne, quoiqu'ils soient vêtus de pourpre ? Qui connaît les noms des fils de rois des autres pays, et les noms des maréchaux, malgré leurs bâtons, et des généraux, malgré leurs cordons ? Personne n'en sait rien.

Et les autres on ne les connaît que parce qu'ils sont remarquables par leur grande iniquité ou par leur grande stupidité, comme on connaît dans une petite ville les noms des brigands du voisinage, et les noms de l'escamoteur et du fou qui flâne dans les rues pour amuser le peuple.

[1] Roman Soltyk.

Or, telle est la gloire du czar Nicolas, et du petit czar don Miguel, et du petit czar de Modène, et de plusieurs rois et ministres que vous connaissez.

Portez donc les tchamaras d'insurgés.

Et celui à qui il faut un costume plus coûteux, et qui en a le moyen, qu'il agisse ainsi qu'il suit: Si le vêtement coûte dix écus, après avoir acheté ce vêtement, qu'il dépose dix écus de plus pour le vêtement de la patrie. Vous ferez de même quant à votre nourriture et à votre logement, qui doivent être ceux de simples soldats; et consacrez ce qui dépasse la dépense du simple soldat à un impôt bénévole.

Cependant ne regardez pas comment les autres mangent, et s'habillent, et se logent, ne regardez que vous-mêmes ; car ceci est écrit pour que vous en fassiez une règle pour vous juger vous-mêmes et non les autres.

Soyez indulgens pour les autres et sévères pour vous-mêmes ; car, selon que vous jugerez les autres, vous serez jugés vous-mêmes.

Considérez encore cette vérité.

Celui qui juge très sévèrement son prochain pour une faute, soit de lâcheté, soit d'incurie, soit d'inconstance, tombera certainement lui-même dans cette faute, et sera jugé de même par les autres.

C'est une vérité qu'un certain Polonais, homme pieux, a découverte, et vous annonce.

Un poltron n'a pas d'accusateurs plus acharnés que d'autres poltrons,

ni un voleur que les autres voleurs ;
et ceux qui rient le plus haut d'un fou,
ce sont les autres fous.

L'homme sage et intrépide est indulgent dans ses paroles ; mais s'il
devient chef ou juge, et si le peuple
lui met le glaive entre les mains, alors
il est sévère, et il juge et punit selon
sa conscience ; car c'est le peuple tout
entier qui juge par sa bouche, et c'est
la main du peuple qui tue par son
glaive.

Mais l'homme vain est sévère dans
ses paroles tant qu'il est sans autorité ;
dès qu'il devient ancien du peuple et
juge, alors il trahit sa pusillanimité ;
il devient peureux et indulgent, et il
ne juge pas selon le cœur du peuple,
mais selon ses propres amitiés et ses
propres haines.

Si tu dis injustement de quelqu'un :

Il est traître ; ou si tu dis injustement :
Il est espion ; sois sûr qu'au même ins-
tant les autres disent de toi la même
chose.

Ne vous distinguez pas entre vous
en disant : Je suis de la vieille armée,
et toi de la nouvelle ; j'ai été à Grochow et à Ostrolenka, et toi tu n'as
été qu'à Ostrolenka ; j'ai été soldat
de l'armée régulière, et toi insurgé ;
je suis Lithuanien, et toi tu es Masovien.

Que ceux qui parlent de la sorte
lisent dans l'Évangile la parabole des
ouvriers qui vinrent travailler dans
une vigne, les uns appelés le matin,
les autres à midi et les autres le soir,
et qui tous reçurent le même salaire.
Et ceux qui étaient venus les premiers
portaient envie aux derniers, et le
maître leur dit : Hommes envieux,

qu'avez-vous à dire, n'avez-vous pas
reçu votre récompense.

Vous trouverez beaucoup de fils de
soldats chez les étrangers, mais vous
ne trouverez les fils des insurgés que
parmi vous.

Le Lithuanien et le Masovien sont
frères ; or, les frères se querellent-ils
entre eux parce que l'un s'appelle Ladislas et l'autre Witold? Ils ont le même
nom, le nom de Polonais.

XIII.

Ne vous disputez pas entre vous, ni sur vos mérites réciproques, ni sur les préséances, ni sur les décorations.

Il y avait une certaine ville à laquelle de braves soldats livraient l'assaut, et une échelle fut dressée contre le mur, et l'armée s'écria : Le premier qui mettra le pied sur le mur aura la grande décoration militaire.

Le premier détachement accourut ; et comme chacun voulait monter le premier sur l'échelle, les soldats commencèrent à se débattre entr'eux, et ils renversèrent l'échelle, et ils furent repoussés.

On dressa donc une seconde échelle, et le second détachement accourut, et celui qui arriva le premier à l'échelle on le laissa monter, et les autres le suivirent.

Mais le premier soldat ayant monté la moitié de l'échelle, perdit ses forces, et il s'arrêta en fermant aux autres le chemin. Celui donc qui le suivait se débattait avec lui, et l'arracha de l'échelle, et le jeta en bas, et jeta en bas les autres, et il se fit un grand désordre, et tous furent battus.

On dressa donc une troisième échelle, et le troisième détachement accourut ; le premier soldat fut blessé, et ne voulait plus avancer. Mais celui qui le suivait était un homme fort et courageux ; il le saisit donc sans rien dire, et il le porta devant lui comme un bouclier, et il le mit sur le mur ; après quoi, les autres arrivèrent et la ville fut emportée. Et ensuite, l'armée entra en conseil, et elle voulait donner la grande décoration à ce brave soldat. Et il répondit et dit :

Frères d'armes ! vous avez proclamé que le premier qui mettrait le pied sur le mur, recevrait la décoration, voici un soldat blessé qui y est arrivé avant moi ; à lui donc la décoration ; c'est par lui que Dieu a conquis la ville.

Ne l'estimez pas légèrement, en disant qu'il ne doit la première place qu'à l'agilité de ses jambes, car l'agilité est autant une qualité du soldat que la force et le courage.

Ne dites pas qu'il n'a rien fait, car s'il n'eût pas été blessé avant moi, c'est moi qui aurais reçu sa blessure, et peut-être n'aurions-nous pas pris aujourd'hui la ville. Et celui qui défend vaut autant que celui qui combat, et le bouclier vaut autant que le glaive. Je n'ai pas besoin de décoration, car tous savent ce que j'ai fait.

Dieu donne la victoire, en se servant de l'agilité de l'un et du courage de l'autre ; et quand un homme adroit ou fort, au lieu de porter en haut son camarade plus faible, le jette en bas, il fait naître le désordre et la défaite ; et quand il se vante de son mérite, il sème la discorde.

XIV.

Que chacun de vous donne à la patrie son talent comme il jette son aumône dans un tronc, en secret et sans dire combien il donne. Il viendra un jour où le tronc sera rempli, et le Seigneur Dieu enregistre ce que chacun a donné.

Mais si vous vous vantez d'avoir donné tant, les hommes riront de vous, et apprendront que vous ne donnez votre talent que pour vous en vanter.

Les services rendus à la patrie sont comme la poudre à canon.

Celui qui répandra la poudre sur une grande surface et l'allumera, celui-là ne produira qu'une lueur sans force , et sans bruit , et sans effet.

Mais celui qui enterre la poudre dans un creux, et l'allume, celui-là bouleversera la terre et ce qui est dessus , avec succès et avec fracas , et les hommes diront : Certes, il y a eu là beaucoup de poudre , ou bien , s'il n'y en avait pas beaucoup, elle était bien disposée.

De même aussi le mérite caché bien profondément, se montrera glorieusement ; et si quelqu'un le cache tellement qu'il ne se montre jamais dans ce monde, il se montrera dans l'éternité, et son retentissement sera infini, et son éclat impérissable, et sa victoire éternelle.

Le service rendu à la patrie est comme un grain ; celui qui porte le grain dans sa main, et le montre à tous en criant : Voici un beau grain ; celui-là le fera se dessécher et n'en retirera rien.

Mais celui qui cache le grain dans la terre, et attend avec patience quelques semaines, celui-là verra le grain produire une plante.

Et celui qui garde le grain en épi pour l'année d'ensuite, pour la vie future, celui-là en retirera cent grains, et de ces cent grains des milliers de milliers.

Donc, plus on attend la récompense, plus on la reçoit grande ; et qui ne la reçoit pas ici-bas, recevra là-haut la plus grande de toutes.

Et qu'est-ce à dire des hommes qui se plaignent, en disant : Nous avons été braves, et nous n'avons pas de grade ni de décoration ? Est-ce donc que vous avez combattu pour un

BIBLIOTHÈQUE IMPÉRIALE

9

grade ou une décoration? Celui qui combat pour un grade et pour une décoration, qu'il aille chez le Moscovite.

Et qu'est-ce à dire des hommes qui se plaignent, en disant : En voilà un à droite qui est peureux et qui a reçu la décoration; en voilà un à gauche qui n'est pas instruit et qui a reçu un grade? Est-ce donc qu'un bon soldat qui fond sur l'ennemi regarde à droite et à gauche? Il n'y regarde pas, il avance toujours; celui qui regarde à droite et à gauche est un poltron. Tourner la tête et regarder, c'est l'affaire du chef de l'armée.

Et qu'est-ce à dire des hommes qui se plaignent, en disant : Notre chef a fait une faute en distribuant les décorations, les grades, à des hommes mauvais? Car il est facile pour chacun de voir les défauts du chef et de ne voir pas son mérite ; tandis que chacun voit en lui-même son mérite et ne voit pas son défaut. Or, souvent ce qu'il y a de bien dans le chef, est plus nécessaire au bien de la nation, que ce qu'il y a de bien en nous.

Est-ce que vous ne savez pas que Jésus-Christ étant Dieu, choisit parmi douze apôtres un traître ? De sorte que si un chef étant homme, parmi douze citoyens qu'il appelle aux grades et aux décorations, en choisit cinq mauvais, il est parfait.

Et parmi les apôtres, saint Jean a été le plus aimé, quoiqu'il fût le plus jeune et qu'il n'eût aucune mission particulière : il n'a été ni vicaire comme Pierre ; ni destiné à la vocation des gentils, comme Paul ; ni trésorier, comme Judas.

Et cependant, Jean lui seul a prédit l'avenir dans l'Apocalypse, et on l'appelle Aigle, et sa fin fut mystérieuse, et beaucoup croient qu'il n'est pas mort, mais qu'il vit encore aujourd'hui, et c'est ce qu'on ne croit d'aucun autre apôtre.

Vous voyez donc que le mérite sans grade d'abord est devenu plus éclatant dans la suite des siècles.

XV.

Vous êtes, parmi les étrangers, comme des hôtes qui cherchent des convives pour les convier chez eux au banquet de la liberté.

Un hôte fou, ayant trouvé des convives, leur montre d'abord dans sa maison les endroits où l'on jette les balayures, et les autres endroits sales, de sorte qu'il leur donne mal au cœur, et que personne ne veut s'asseoir à sa table.

Mais un hôte sage conduit ses convives par un vestibule sans tache à la salle du banquet. Des endroits pour les balayures et les saletés se trouvent dans sa maison comme dans toutes les autres, mais ils sont cachés à tous les yeux.

***

Il y en a parmi vous qui, en parlant aux étrangers de la patrie, commencent par ce qu'il y a d'imparfait et de mauvais dans ses lois et dans ses institutions : il y en a d'autres qui commencent par ce qu'il y a de beau et digne d'être vu en premier lieu. Or, dites-moi lesquels d'entre eux sont les hôtes fous, et lesquels sont les hôtes sages, et lesquels garderont leurs convives ?

Ne parlez pas aux étrangers infidèles des grandes choses qu'a faites votre nation pour le bien du monde; car les uns ne vous croiront pas, et les autres ne vous comprendront pas, jusqu'à ce qu'ils soient convertis.

Un certain chrétien habitait auprès d'une forêt dont il était forestier. Il découvrit un jour un brigand qui se glissait hors de la forêt et s'acheminait vers une auberge où demeuraient des Juifs, pour les battre et les voler.

Le brigand dit au forestier : Allons ensemble contre les Juifs, et nous partagerons leurs dépouilles.

Le forestier avait à la main un fusil, mais chargé seulement avec de la dragée pour les oiseaux, cependant il se jeta sur le brigand, et le blessa; mais il fut plus gravement blessé lui-même, et ils s'entre-saisirent, et ils luttèrent ensemble long-temps, jusqu'à ce que le brigand eût terrassé le forestier, et l'eût foulé aux pieds; et il pensa qu'il l'avait tué. Mais étant blessé aussi et perdant beaucoup de sang, il ne put pas aller voler: il retourna donc dans la forêt. Or, le forestier se traîna à l'auberge pour y chercher des secours.

Et il dit aux Juifs : Voici que j'ai rencontré le brigand, et je l'ai chassé et blessé, mais aussitôt qu'il sera guéri il reviendra ; et s'il ne revient pas ici, il ira piller d'autres Juifs dans d'autres auberges. Allez donc, et saisissez-le, et liez-le ; et si vous avez peur tout seuls, aidez-moi ; le brigand est un homme à bras puissant, mais comme il est affaibli, nous en viendrons à bout.

Or, les Juifs avaient vu de l'auberge ce qui était arrivé, et ils savaient qu'il les avait défendus, mais ils craignaient qu'il ne demandât d'en être récompensé.

Donc, ils feignirent une grande surprise, en lui demandant d'où il venait et ce qu'il voulait ; les grands lui donnèrent de l'eau-de-vie et du pain, et les petits firent semblant de pleurer de pitié.

Et tous, ils dirent: Nous ne croyons pas que le brigand voulût nous tuer ;

il a été ici autrefois, et il y a bu de l'eau-de-vie, et il ne nous a point fait de mal.

Le forestier leur répondit : S'il a été ici, tant pis pour vous, car il a examiné votre maison et vos coffres, et il a appris qu'ici demeuraient des Juifs, c'est-à-dire des gens d'un cœur faible.

Sur quoi les Juifs lui dirent : Tu blasphèmes contre notre nation ; n'est-ce pas d'entre nous qu'est sorti David qui tua Goliath, et Samson le plus fort des hommes ?

Le forestier leur répondit : Je suis un homme qui ne suis pas savant en fait de livres, mais j'ai entendu dire à mon curé que ce David et ce Samson sont morts, et ne revivront plus ; songez-donc à vous-mêmes.

Donc les Juifs dirent : Ce n'est pas notre affaire de purger les forêts des brigands ; il y a pour cela des magistrats et des soldats : va, et dis-le leur.

Le forestier répondit : Quand je vous ai défendu, je n'ai pas prévenu les magistrats, et je n'ai pas attendu les soldats.

Les Juifs lui dirent: Tu t'es défendu toi-même.

Le forestier répondit : Je pouvais cependant aider le brigand à vous piller, ou le suivre de loin et sans rien dire, et il aurait partagé avec moi vos biens. Je pouvais aussi ne pas sortir de chez moi.

Les Juifs lui dirent : Tu nous défendais, parce que tu espérais en être récompensé. Eh bien ! nous t'avons donné de l'eau-de-vie et du pain, et nous avons pansé ta blessure, et nous te donnerons encore un écu bien frappé.

Le forestier leur répondit : Je ne veux point de votre récompense ; et pour votre pain, et votre eau-de-vie, et vos médicamens, je vous renverrai de l'argent dès que je serai de retour chez moi.

Les Juifs lui dirent encore : Tu t'es battu avec le brigand, parce que tu es un querelleur et que tu aimes à te battre quand tu n'es pas occupé à chasser.

Le forestier leur répondit : Si j'étais sorti pour me battre, je me serais mieux armé ; j'aurais pris des balles et une hache ; je serais sorti plus tôt ou plus tard ; mais vous avez vu que je ne suis sorti ni plus tôt ni plus tard, mais au moment même où j'ai aperçu le brigand qui allait contre vous.

Or, les Juifs s'étonnèrent beaucoup, et reprirent : Dis-nous donc et avoue pourquoi as-tu fait ce que tu as fait, et quels étaient tes projets, car tu es un homme singulier ?

Le forestier répondit : Voilà ce que je ne vous dirai pas ; et si je vous le disais, vous ne le comprendriez pas, car autre est la raison des Juifs, et autre celle des chrétiens : mais si vous vous convertissiez au christianisme, vous comprendriez vous-même ma conduite sans avoir besoin de me questionner. Et ayant dit cela, il s'en alla de chez eux.

Or, en marchant, il gémissait à cause de ses blessures.

Et les Juifs disaient entre eux : Il se vante d'être brave et il gémit ; ses blessures ne sont pas graves, et il gé-mit seulement pour faire peur à nos enfans.

Les Juifs savaient qu'il était gravement blessé, mais ils sentaient qu'ils avaient mal fait, et ils voulaient se persuader qu'ils n'avaient point mal fait. Et ils parlaient haut pour assourdir la voix de leur conscience.

XVI.

Vous êtes dans une terre étrangère, hors la loi, comme des voyageurs qui, dans un pays inconnu, tombent dans un piége.

Certains voyageurs tombèrent un jour dans un fossé destiné à servir de piége aux loups. Or, il y avait parmi eux des maîtres, des domestiques, et un guide.

Et aussitôt qu'ils se virent au fond du fossé, ils le mesurèrent des yeux, et tout en ne disant rien, ils devinèrent ce qu'il y avait à faire.

Celui d'entr'eux qui était le plus robuste se tint debout au fond du fossé, et un autre lui monta sur les épaules, et un troisième monta sur les épaules du second, et le guide monta sur les épaules du dernier.

En formant ainsi une échelle, ils ne songèrent pas à distinguer les maîtres des valets, mais ils se jugèrent entr'eux d'après leur force et la largeur de leurs épaules.

Ils jugèrent aussi qu'il fallait mettre le guide en haut, et de faire sortir le premier du fossé, parce qu'il connaissait les chemins et les lieux où il pourrait trouver le plus tôt des secours. Et quand le guide fut sorti, ils attendirent en silence, en se restaurant avec la nourriture qu'ils avaient dans leurs sacs, et en en donnant à chacun selon sa faim.

Quelques-uns craignaient que le guide ne les laissât là, mais ils n'en disaient rien pour ne pas ébranler le courage de leurs camarades, et ils se disaient seulement dans leur cœur : S'il nous trahit, nous aurons le temps de nous plaindre.

Dans peu de temps, le guide amena quelques hommes, et retira les voyageurs du fossé, et les conduisit à un village.

Ils se séparèrent donc en silence, et les voyageurs pensèrent : Le guide est un sot ; mais comme il s'est trompé de chemin par sottise et non par mauvaise volonté, et qu'il a eu déjà assez peur, laissons-le en paix ; cependant une autre fois choisissons mieux notre guide.

Et le conducteur pensa : Je me suis trompé, et j'ai manqué perdre ces honnêtes gens ; une autre fois je ne m'engagerai jamais comme guide.

Et depuis le moment de leur chute il régna parmi tous ces hommes un silence complet.

L'année suivante, d'autres voyageurs, avec un autre guide, tombèrent dans le même fossé, et ils résolurent de se sauver de la même manière.

Mais il s'éleva entre eux une dispute à qui resterait au fond, car les maîtres ne voulaient pas se charger les épaules des domestiques, et les domestiques craignaient que les maîtres une fois sortis ne les abandonnassent.

Et tous ils craignaient de lâcher le guide; car, emportés contre lui à cause de son erreur, ils l'injuriaient et le battaient : il fut donc forcé de leur jurer, par un serment solennel, qu'il reviendrait.

Aussi, lorsqu'il fut sorti, il pensa : Ce sont de méchantes gens; et ils trament quelque chose contre moi, car ils ne se sont pas confiés en moi; je les laisserai là dans le fossé. Il retourna donc chez lui.

Et les voyageurs mouraient de faim pendant plusieurs jours, lorsque, par hasard, des gens les trouvèrent et les firent sortir.

Or, à peine eurent-ils été mis en liberté, que les uns voulurent continuer leur chemin, les autres chercher et punir le guide infidèle. Ils se querellèrent donc entre eux, et se séparèrent.

Les plus emportés s'en allaient en jurant et en menaçant le guide, et il arriva que personne ne voulut plus les guider, malgré leurs prières et leurs promesses.

Et le guide infidèle jurait et criait qu'il n'était pas coupable, et que ces hommes-là s'étaient trompés par eux-mêmes, et pour prouver qu'il connaissait bien les chemins, il s'engagea à conduire les voyageurs qui vinrent ensuite. Et il arriva que de nouveau il fut cause du même malheur pour eux.

Et depuis le commencement jusqu'à la fin de leur aventure, ce fut une dispute continuelle.

XVII.

Vous êtes dans votre pélerinage sur une terre étrangère, comme était le peuple de Dieu dans le désert.

Gardez-vous, pendant le pélerinage, de vous plaindre, et de vous lamenter, et de douter : ce sont des péchés.

Vous savez que lorsque le peuple de Dieu retournait à la terre de ses aïeux, à la Terre-Sainte, il errait en pélerin dans le désert ; et parmi le peuple de Dieu il y en eut plusieurs qui désespérèrent et dirent : Retournons en Egypte ; nous serons dans une terre de servitude, mais nous aurons en abondance de la viande et des légumes.

Et l'Écriture sainte dit que le Seigneur, offensé, prolongea le pélerinage de la nation jusqu'à ce que tous ceux qui avaient désespéré fussent morts dans le désert ; car aucun d'eux ne devait voir la Terre-Sainte.

Vous savez qu'il y en eut d'autres, parmi le peuple de Dieu, qui ne crurent pas à leurs prophètes, et qui dirent : Et comment ferons-nous la conquête de la terre de nos ancêtres, lorsque nous avons contre nous des rois puissans et des peuples qui sont comme des peuples de géans ?

Et l'Écriture sainte dit que Dieu, offensé par cette incrédulité, prolongea de nouveau le pélerinage jusqu'à ce que tous ceux qui avaient douté fussent morts dans le désert ; car aucun d'eux ne devait voir la Terre-Sainte.

Et non seulement ceux qui se lamentèrent et doutèrent tout haut moururent ainsi, mais encore ceux qui se lamentèrent et doutèrent dans leur cœur ; car Dieu lit dans les cœurs comme dans un livre ouvert.

Donc gardez-vous du péché de plainte et de doute, pour ne pas prolonger les jours de votre pélerinage. Et comme dans le camp du peuple élu il y avait des pestiférés atteints de la lèpre, de même aussi parmi vous on rencontre des pestiférés, c'est-à-dire de mauvais Polonais : ceux-là, fuyez-les, car leur maladie est pire que la lèpre. Or, voici des signes d'après lesquels vous reconnaîtrez leur maladie.

Le pestiféré ne croit pas à la résurrection de la Pologne, quoiqu'il se soit battu et qu'il soit en pélerinage pour elle. Et sa maladie se révèle dans des propos comme ceux-ci : Je savais que l'insurrection était une folie, mais je me suis battu avec courage pour elle comme un bon soldat ; je sais qu'il est impossible de reconquérir la Pologne, mais je fais le pélerinage comme un homme d'honneur...

Aussitôt que vous entendrez de tels propos, bouchez vos oreilles et fuyez, et annoncez-les aux Anciens, et les Anciens déposeront sur-le-champ le pestiféré de ses fonctions, s'il est fonctionnaire, et lui ôteront la tchamara, et le feront réfléchir seul chez lui pendant un certain nombre de jours.

Et après ce nombre de jours ils verront s'il est guéri, et si la foi et la grâce sont descendues en lui ; et s'il est guéri et renie le péché, ils le proclameront pur, et il sera réintégré dans le corps des pélerins.

Mais si le malade tient les mêmes propos qu'auparavant, alors les Anciens le stigmatiseront en proclamant qu'il est impur. Et tous le fuiront, et sa personne et ses discours; car ce n'est ni un bon soldat ni un homme d'honneur, mais un sot et un pervers.

Car, s'il allait au feu dans les combats, le cheval que montait et éperonnait un Krakuse, et le cheval qui traînait un canon sous le fouet du conducteur, n'allaient-ils pas au feu aussi bien que lui? Or, peut-on appeler un cheval bon soldat?

Et si le pestiféré dit qu'il se bat pour l'honneur, un officier moscovite ne se bat-il pas aussi pour l'honneur? Et un Italien qui se venge en poignardant son rival, ne dit-il pas qu'il venge son honneur? Or, qu'est-ce que cet honneur insensé et idolâtre?

Je vous le dis en vérité, un soldat qui combat sans foi dans la bonté de sa cause, est une bête féroce ; et un chef qui conduit son armée au combat sans foi dans sa cause, est un brigand.

Le pestiféré combat sur le champ de bataille, et tue deux ennemis ; et de retour dans sa tente, il corrompt les cœurs des soldats, et tue dix des siens dans leurs ames.

Il est semblable à un homme qui va à l'église et se met à genoux, et qui, de retour dans sa maison, rit de Dieu et de la foi.

Et qu'il ne s'excuse pas en disant : Autre chose est la conduite et l'action, et autre la pensée et le discours ; car on peut pécher gravement contre la patrie par le discours et par la pensée, et aucun de ces péchés n'échappera à son châtiment.

Telles sont les précautions à prendre contre les pestiférés parmi les pélerins polonais.

XVIII.

Vous êtes parmi les étrangers infidèles, comme étaient les apôtres parmi les idolâtres.

Ne vous emportez pas beaucoup contre des idolâtres; combattez-les par la parole, et d'autres les vaincront par le glaive; et ceux qui les vaincront, ce sont des Juifs, des hommes de la loi ancienne, qui adorent la souveraineté du peuple, et l'égalité, et la liberté. Ils ont la haine des idolâtres, mais ils n'ont pas l'amour du prochain, et ils sont envoyés de Dieu pour l'extermination des idolâtres Chananéens.

Et ils briseront leurs idoles, et jugeront les idolâtres d'après la loi de Moïse, et de Josué, et de Robespierre, et de Saint-Just, en exterminant tout, depuis le vieillard jusqu'à l'enfant à la mamelle. Car leur Dieu, dont le nom est la souveraineté du peuple, est juste, mais plein de colère, et destructeur comme le feu.

Et de même que le Christ et sa loi apparut au milieu des Juifs et dans leur capitale, ainsi dans les capitales des libéraux de l'Europe apparaîtra votre loi sociale, nouvelle loi de sacrifice et d'amour.

Car l'Angleterre et la France sont comme Israël et Juda. Si vous entendez donc les libéraux se prendre de querelle sur les deux chambres, et sur la chambre héréditaire, et sur la chambre élective, et sur le mode d'élection, et sur le salaire du roi, et sur la liberté de la presse, n'admirez pas leur sagesse, c'est la sagesse de la loi ancienne,

Ce sont des Phariséens et des Saducéens qui se disputent sur ce qui est pur ou impur, et qui ne comprennent pas ce que c'est que d'aimer et de mourir pour la vérité.

Et quand ils vous entendent, vous, arrivés du nord, parler de Dieu et de la liberté, ils se courroucent et ils s'écrient, comme les docteurs contre le Christ : Et d'où lui est venu tant de sagesse, au fils du charpentier? Et comment un prophète a-t-il pu naître à Nazareth ? Et comment ose-t-il nous en apprendre, à nous vieux docteurs?

Et quand ils parlent de votre guerre pour le salut des nations, ils ne nient pas que vous ayez bien agi ; mais ils disent que c'était mal à propos, de même que les docteurs reprochaient au Christ d'avoir osé guérir les hommes le jour du sabat, et s'écriaient:

Est-il permis de guérir le jour du sabbat?
Est-il permis, pendant la paix de l'Europe, de faire la guerre à la Russie?
Et s'ils font l'aumône aux veuves et
aux orphelins de la liberté, aux veuves
et aux orphelins de l'Espagne, et du
Portugal, et de l'Italie, et de la Pologne, ils la font en public, dans les
chambres, comme faisaient les Phariséens.

Et s'ils donnent quelque chose à leur
patrie, ils discutent combien ils doivent donner, d'après la loi ou la constitution.

Or, votre loi est autre; car vous
dites : Tout ce qui est à nous, est à
notre patrie; tout ce qui est à notre
patrie, est aux peuples libres.

Les Anglais, qui aiment la liberté
d'après la loi ancienne, disent : Prenons aux Français la mer, comme Is-

raël prenait des villes à Juda. Et les Français de la loi ancienne disent : Prenons aux Allemands les bords du Rhin. Et les Allemands disent : Prenons aux Français les bords du Rhin ; et ainsi du reste. Je vous dis donc qu'ils sont fous, et que l'idolâtrie les gagne, le culte de Baal, et de Moloch, et de l'Équilibre.

Car les ports, et les mers, et les terres sont l'héritage des peuples libres. Est-ce que le Lithuanien et le Polonais se disputent entre eux sur la frontière du Niémen, sur Grodno et sur Bialystok ? Je vous dis donc que le Français, et l'Allemand, et le Moscovite doivent être comme sont le Polonais et le Lithuanien.

Un certain sauvage entra, avec sa femme et ses enfans, dans une maison délaissée ; et voyant les fenêtres, il dit :

Ma femme regardera par cette fenêtre-ci, et moi par celle-là, et mon fils par cette autre. Ils regardaient donc, et quand ils quittaient les fenêtres, ils les bouchaient, d'après la coutume des hommes sauvages, pour que la lumière appartenant à l'un d'eux ne parvînt pas aux autres. Et le reste de la famille n'avait pas de fenêtres.

Et le sauvage dit : A ce poêle c'est moi seul qui me chaufferai (car il n'y avait qu'un poêle); et que les autres se fassent chacun un poêle. Et il dit ensuite : Ouvrons dans cette maison pour chacun de nous une porte séparée ; et ils ruinèrent ainsi la maison, et ils se battaient souvent entr'eux pour la lumière, et pour la chaleur, et pour la division du logement.

Voilà comment font les nations européennes ; elles s'envient l'une à l'autre le commerce des livres, et le commerce du vin, et du coton, et du poivre, ne sachant pas que la science et la richesse appartiennent à la même maison, qu'elles appartiennent à tous les peuples libres.

XIX.

Quelques uns d'entre vous discutent sur l'aristocratie et la démocratie, et d'autres points de la loi ancienne; ceux-là d'entre vos frères se trompent, comme les premiers chrétiens, qui discutaient sur la circoncision et sur les ablutions.

Mais les nations seront sauvées, non par la loi ancienne, mais par les mérites de la nation victime; et elles seront baptisées au nom de Dieu et de la liberté. Et celui qui est baptisé ainsi, est vôtre frère.

Ne dissertez pas beaucoup sur les lois. Il en est des lois comme des obligations, et des gouvernemens comme des débiteurs, et de la patrie comme du bien compromis. Plus un débiteur a de bassesse et d'astuce, plus on spécifie son engagement, tandis qu'on se confie sans billet à son père et à son frère.

Soyez donc parfaits comme les apôtres, et les nations croiront à votre parole; et ce que vous statuerez aura force de loi, non seulement pour vous, mais pour tous les peuples libres.

Ne discutez pas beaucoup sur la forme du gouvernement futur de la Pologne. Ce ne sont pas ceux qui discutent le plus, qui la gouverneront le mieux, mais bien ceux qui aiment le mieux, et qui sont les plus remplis de l'esprit de sacrifice.

Certains orphelins cherchaient un tuteur pour administrer leurs biens, et pour veiller à leur éducation. Ils jetèrent d'abord des yeux sur un de leurs voisins qui était bon administrateur, mais avide, qui avait accumulé de grandes richesses; et qui avait dans le monde la renommée d'un homme industrieux mais égoïste. Les orphelins dirent donc: Nous ne voulons pas de celui-là, parce qu'il s'enrichira à nos dépens.

Ils jetèrent alors les yeux sur un autre voisin, qui avait écrit un livre sur l'agriculture, mais qui n'avait jamais été agriculteur; ils dirent donc: Nous ne voulons pas non plus de celui-là, parce qu'il se servira de nos biens pour faire des essais d'agronomie.

Mais ils entendirent parler d'un troisième, qui était pauvre, et qui avait perdu une grande fortune en plaidant les causes des veuves et des orphelins; ils dirent donc : Prenons celui-là.

La forme du gouvernement futur est semblable à la forme du discours que prononce un homme du conseil.

L'homme prudent qui va au conseil national sans avoir le cœur pénétré de l'amour du pays, réfléchit sur ce qu'il doit mettre au commencement de son discours, et au milieu, et à la fin; car c'est ce qu'il a appris à l'école; mais comme il n'a pas le sentiment de la cause nationale, son discours sera fait avec art, mais vide, et il passera sans laisser de souvenir.

Mais l'homme probe, qui va au conseil national, le cœur plein d'amour de la patrie, et convaincu de la vérité de ce qu'il a à dire, parle sans penser à l'ordre de ses paroles, et cependant son discours sera bien ordonné, et les sténographes le reproduiront pour servir de modèle aux autres; et il sera étonné lui-même d'avoir si bien parlé.

De même, les législateurs pénétrés d'amour pour la patrie établiront dans le pays des institutions conformes à ses besoins, et le pays sera bien organisé, et d'autres hommes transcriront leurs lois, et les imiteront.

La république que vous devez fonder, est semblable à une forêt que l'on veut planter.

Si on sème une bonne semence sur une bonne terre, on peut être sûr qu'il en naîtra des arbres, et on n'a pas besoin de penser à leur forme, ni de craindre qu'il ne vienne des feuilles de sapin aux chênes, ou des feuilles de chêne aux sapins.

Semez donc l'amour de la patrie,

et l'esprit de sacrifice, et soyez sûrs qu'il en naîtra une république grande et belle.

XX.

Une certaine femme étant tombée en léthargie, son fils appela des médecins.

Les médecins dirent tous : Choisissons un d'entre nous pour la traiter.

Un des médecins dit : Je la traiterai d'après la doctrine de Brown ; mais les autres répondirent : C'est une mauvaise doctrine : il vaut mieux qu'elle reste en léthargie, et qu'elle meure, que d'être traitée d'après Brown.

Un autre dit : Je la traiterai d'après la doctrine de Hahneman ; et les autres répondirent : C'est une mauvaise doctrine : il vaut mieux qu'elle meure, que d'être traitée d'après la doctrine de Hahneman.

Alors le fils de la femme dit: Traitez-la comme vous voudrez, pourvu que vous la guérissiez.

Mais les médecins ne purent s'accorder, les uns ne voulant céder en rien aux autres.

Alors le fils poussa un cri de douleur et de désespoir: Oh ma mère! Et la femme s'éveilla à la voix de son fils, et revint à la santé. Et les médecins furent chassés.

Il y en a parmi vous qui disent : Il vaut mieux que la Pologne reste dans la servitude, que de revivre par l'aristocratie; et les autres disent: Il vaut mieux qu'elle reste dans la servitude, que de revivre par la démocratie; et d'autres disent: Il vaut mieux qu'elle reste comme elle

est, que d'avoir telles et telles frontières; et ainsi de suite. Tous ceux-là
sont des médecins, et non des fils,
et ils n'aiment pas leur mère, la
patrie.

Je vous le dis en vérité, ne recherchez pas quel sera le gouvernement
de la Pologne; il suffit que vous
sachiez qu'il sera meilleur que tous
ceux que vous connaissez. Ne médi-
tez pas non plus sur ses frontières,
car elles seront plus grandes qu'elles
ne le furent jamais.

Et chacun de vous a dans son ame
le germe des lois futures, et la mesure des frontières futures.

Plus vous corrigerez et agrandirez
vos ames, plus vous corrigerez vos
lois, et plus vous agrandirez vos
frontières.

XXI.

Vous entendez ce que disent les Juifs et les Bohémiens, et les hommes qui ont des cœurs de Juifs et de Bohémiens : La patrie est là où on est bien. Et le Polonais dit aux nations : La patrie est là où on est mal ; car partout en Europe où il y a oppression de la liberté, et combat pour la liberté, là aussi il y a combat pour la Pologne ; et tous les Polonais doivent livrer ce combat.

On disait autrefois aux nations : Ne déposez pas les armes tant que l'ennemi retiendra un pouce de votre terre ; mais vous, dites aux nations : Ne déposez pas les armes tant que le despotisme retiendra un pouce de terre libre.

Car le Français, et l'Anglais, et l'Allemand défendent aussi leurs biens, et haïssent leurs ennemis. Et cependant, quand le Français, et l'Anglais, et l'Allemand voyagent parmi les peuples, les peuples ne vont pas à leur rencontre, et ne leur chantent pas leurs chants.

Et vous, les peuples vont à votre rencontre, et ils vous fêtent, et ils vous chantent vos chants, car ils sentent que vous guerroyez pour la liberté du monde.

Si donc votre idée de la liberté et votre dévouement pour elle ne sont pas plus parfaits que les idées et le dévouement des Français, et des Allemands, et des Anglais ; alors, je vous le dis en vérité, vous ne rentrerez jamais dans votre patrie.

Le Christ dit au peuple élu de Dieu: Toi, peuple d'Abraham, si tu ne me suis pas, Dieu rejettera la race, et il prendra plutôt des pierres pour en faire des fils à Abraham; ce qui voulait dire, qu'il rendrait chrétiens les Grecs et les Romains.

Et le Polonais dit aux Français et aux Anglais : Vous, enfans de la liberté, si vous ne me suivez pas, Dieu rejettera votre race, et il prendra plutôt des pierres, c'est-à-dire des Moscovites et des Asiatiques, pour en faire des défenseurs de la liberté.

Car, celui qui rejette l'appel de la liberté, sera rejeté de devant elle.

Une certaine reine appela un jour un simple soldat au commandement de ses armées, et lui dit : Dompte tous mes ennemis, et je te donnerai la moitié de mon royaume, et je serai ta femme.

Et ce soldat se mit en campagne, et les armées qu'il commandait au nom de la reine le suivirent, et il défit les ennemis, et devint puissant et célèbre.

Il dit donc à la reine : Il est temps, reine, que je t'épouse et que je règne en paix. Et la reine dit : Il n'est pas encore temps, car tu n'as pas encore dompté tous mes ennemis.

Or, le chef courroucé dit : Voici que je vieillis et que j'engraisse, dois-je me battre sans cesse pour cette femme ? J'irai plutôt demeurer dans mes biens, et je me reposerai. Il demeura donc dans ses biens, et laissa les frontières sans défense ; et

les forces des ennemis s'accrurent,
et ils s'approchèrent de ses biens, et
commencèrent à les dévaster.

Alors le chef se leva et alla au peuple, et se mit à crier : Armez-vous, et
suivez-moi pour défendre mes biens,
comme vous m'avez suivi naguère
pour vaincre dans de grandes victoires.

Mais le peuple dit : Et qui es-tu
donc, homme insensé, pour que nous
te suivions pour défendre tes biens ?
Nous t'avons suivi autrefois, car tu
nous appelais au nom de la reine ;
mais tu n'es plus à présent son général, tu n'es qu'un simple individu
comme un autre. Et ils le chassèrent.

Car la reine s'était déjà choisi un
autre simple soldat, et celui-ci devint chef de l'armée, et on lui obéit,
et il vainquit.

Cette reine-là c'est la liberté; et l'ancien chef de son armée, c'est le Français.

XXII.

Quand, dans votre pélerinage, vous viendrez dans une ville, bénissez-la en disant : Que notre liberté soit avec vous! Si ses habitans vous accueillent et vous écoutent, ils seront libres ; mais s'ils vous méprisent et ne vous croient pas, et vous repoussent, votre bénédiction retombera sur vous.

Lorsque vous quitterez une ville et un pays impie, esclave et ministériel, secouez la poussière de vos pieds ; et, je vous le dis en vérité, les jours de la Convention furent moins durs pour Toulon, et Nantes, et Lyon, que ne le seront pour cette ville les jours de la confédération européenne.

Car, quand la liberté s'assiéra sur le trône du monde, elle jugera les nations.

Et elle dira à une des nations : Voilà que j'ai été attaquée par les brigands, et je t'ai appelée, ô nation ; je t'ai demandé un morceau de fer pour ma défense, et une poignée de poudre, et tu m'as donné des articles de journaux. Et la nation répondra : Madame, quand est-ce que vous m'avez appelée ? Et la liberté répondra : Je t'ai appelée par la bouche de ces pélerins ; et tu ne m'as pas écoutée : vas donc dans l'esclavage, où il y aura le sifflement du knout et le retentissement des ukases.

Et la liberté dira à une autre nation : Voilà que j'étais dans l'affliction et dans la misère, et je t'ai demandé, ô nation, la protection des lois, et des secours pour vivre, et tu m'as jeté l'arbitraire. Et la nation répondra : Madame, quand est-ce que vous êtes venue vers moi ? Et la liberté répondra : Je suis venue vers toi, sous le vêtement de ces pélerins, et tu m'as méprisée ; va donc dans l'esclavage, où il y aura le sifflement du knout et le retentissement des ukases.

Je vous le dis en vérité, votre pélerinage sera une pierre d'achoppement pour les puissances de la terre.

Les puissances ont rejeté votre pierre de l'édifice européen, et voilà que cette pierre deviendra la pierre angulaire, et la clef de l'édifice futur ; et celui sur qui elle tombera, sera écrasé ; et celui qui se heurtera contre elle, tombera et ne se relèvera plus.

Et du grand édifice politique de l'Europe actuel, il ne restera pas pierre sur pierre.

Car la capitale de la liberté sera transférée ailleurs. Jérusalem, Jérusalem ! toi qui tues les hommes qui prêchent la liberté, tu tues tes prophètes ; et le peuple qui tue ses prophètes, se frappe lui-même au cœur, comme un frénétique qui se suicide.

Le jour viendra pour Juda et pour Israël d'une grande oppression.

XXIII.

Gouverneurs de la France, et docteurs de la France, vous qui parlez de liberté et qui servez le despotisme, vous serez jetés entre votre peuple et le despotisme étranger, comme une barre de fer froid entre le marteau et l'enclume.

Et vous serez battus, et vos éclats et vos étincelles voleront jusque dans tous les pays du monde, et les nations diront : Certes, il y a là un grand battement, comme dans une forge infernale.

Et vous crierez au marteau, à votre peuple : Peuple, pardonne et adoucis-toi ; car nous avons parlé de liberté. Et le marteau dira : Non, car si tu as parlé pour elle, tu as agi contre. Et il retombera avec une force nouvelle sur la barre.

Et vous crierez au despotisme étranger, comme à une enclume sourde : O despotisme ! nous t'avons servi, amollis-toi et creuse-toi, afin que, dans ton sein, nous puissions nous dérober au marteau. Et le despotisme dira : Non, car si tu as agi pour moi, tu as parlé contre. Et il vous présentera son dos dur et froid jusqu'à ce que la barre ait été battue, et aplatie, et anéantie.

Gouverneurs de l'Angleterre, et docteurs de l'Angleterre, vous vous gonflez d'orgueil à cause de votre naissance, et vous dites : Mon aïeul fut un lord, et mon bisaïeul fut un roi ; vivons donc en amis avec nos proches, seigneurs et rois de l'Europe. Et voilà qu'il viendra des jours où vous crierez au peuple : Fais-nous grace de la vie, car il n'y a eu dans notre race pas un roi, pas un lord, pas un esquire.

Et vous, négocians et boutiquiers des deux nations, avides d'or et du papier qui donne l'or, vous avez envoyé de l'argent pour la destruction de la liberté. Et voilà qu'il viendra des jours où vous lècherez votre or, et où vous mâcherez votre papier, et où personne ne vous enverra ni du pain ni de l'eau.

XXIV.

Voilà les actes du martyre et du pélerinage de la nation polonaise, non inventés, mais recueillis dans les histoires de la Pologne, et dans les écrits, et les récits, et les instructions de Polonais pieux et dévoués à la patrie, martyrs, confesseurs et pélerins ; et certaines choses y sont venues par la grace de Dieu.

Lisez-les, frères d'armes ; et que les anciens parmi vous, que vous appelez sous-officiers et lieutenans, vous les éclaircissent et vous les expliquent.

Car vos supérieurs sont comme des pères d'une nombreuse famille, occupés et de leurs enfans, et de leurs maisons, et de leurs affaires.

Mais vos sous-officiers sont comme les gardes et les nourrices de leurs jeunes frères d'armes, et ils sont toujours auprès d'eux pour veiller sur eux.

Ils ont commencé la guerre des peuples, et Dieu leur accordera de l'achever heureusement.

Ainsi soit-il.

PRIÈRE DES PÈLERINS.

Seigneur Dieu tout puissant! les enfans d'une nation guerrière élèvent vers toi leurs mains désarmées de toutes les extrémités du monde. Ils crient vers toi du fond des mines de la Sibérie, et du sein des neiges du Kamstchatka, et des déserts d'Alger, et de la France, terre étrangère. Et dans notre patrie, dans la Pologne qui t'est si fidèle, il n'est pas permis de crier vers toi! Et nos vieillards, nos femmes, nos enfans ne peuvent que te prier en secret par la pensée et par les larmes, Dieu des Jagellons ! Dieu de Sobieski ! Dieu de Kosciuszko ! aie pitié de notre patrie et de nous. Accorde-nous de te prier de nouveau, comme te priaient nos ancêtres, sur le champ de bataille, les armes à la main, devant un autel fait de tambours et de canons, sous un baldaquin fait de nos aigles et de nos drapeaux ; permets à nos familles de te prier dans les églises de nos villes et de nos campagnes ; permets à nos enfans de te prier sur nos tombeaux. Et cependant qu'il se fasse, non pas notre volonté, mais la tienne. Ainsi soit-il.

LITANIES DES PÈLERINS.

Kyrie eleyson. Christe eleyson,

Dieu le père, qui avez tiré votre peuple de la servitude d'Egypte, et l'avez ramené dans la terre sainte,

Ramenez-nous dans notre patrie.

Fils Sauveur, qui, après avoir été crucifié, êtes ressuscité et régnez dans la gloire,

Ressuscitez notre patrie.

Mère de Dieu, que nos pères ont proclamée Reine de Pologne et de Lithuanie,

Sauvez la Pologne et la Lithuanie.

Saint Stanislas, patron de la Pologne,

Priez pour nous.

Saint Casimir, patron de la Lithuanie,

Priez pour nous.

Saint Josaphat, patron des Russiens [1],

Priez pour nous.

Saints Protecteurs de notre République,

Priez pour nous.

De la servitude Moscovite, Autrichienne et Prussienne,

Délivrez-nous, Seigneur.

Par le martyre des trente mille guerriers de Bar, morts pour la foi et pour la liberté,

Délivrez-nous, Seigneur.

[1] Habitans des provinces de Wolhynie, Podolie, Ukraine, et des Russies Rouge, Blanche et Noire, connues sous le nom générique de terres Russiennes, et comprises dans l'ancienne république de Pologne.

Par le martyre des vingt mille habitans de Praga, massacrés pour la foi
et pour la liberté,

Délivrez-nous, Seigneur.

Par le martyre des jeunes hommes
lithuaniens tués à coups de bâtons,
morts dans les mines et dans l'exil,

Délivrez-nous, Seigneur.

Par le martyre des habitans d'Osz-
miana [1], égorgés dans leurs maisons
et dans les églises du Seigneur,

Délivrez-nous, Seigneur.

Par le martyre des soldats massacrés
à Fischau par les Prussiens,

Délivrez-nous, Seigneur.

Par le martyre des soldats immolés
à coups de knout, à Cronstadt [2], par
les Moscovites,

Délivrez-nous, Seigneur.

[1] En Lithuanie.
[2] Au retour de l'empereur Nicolas de Moscou,

Par le sang de tous les soldats morts à la guerre pour la foi et la liberté,

Délivrez-nous, Seigneur.

Par les blessures, les larmes et les souffrances de tous les esclaves, de tous les exilés, de tous les pélerins polonais,

Délivrez-nous, Seigneur.

Accordez-nous la guerre générale pour la liberté des peuples,

Nous vous en conjurons, Seigneur.

Accordez-nous nos armes et nos aigles nationales,

Nous vous en conjurons, Seigneur.

Accordez-nous une mort bienheu-reuse sur le champ de bataille,

Nous vous en conjurons, Seigneur.

ces soldats prisonniers furent condamnés à rece-voir 8,ooo coups de verges à quatre reprises. Le récit du premier quart de leur supplice a été don-né par les journaux anglais. On guérit mainte-nant pour les trois autres ceux qui ont survécu.

Accordez-nous un tombeau pour nos ossemens dans notre terre,

Nous vous en conjurons, Seigneur.

Accordez-nous l'indépendance, l'intégrité et la liberté de notre patrie,

Nous vous en conjurons, Seigneur.

Au nom du Père, et du Fils, et du Saint-Esprit. Ainsi soit-il.

Nous avons cru entrer tout-à-fait dans l'esprit de cet ouvrage en y adjoignant deux prières publiques qui se rattachent à des époques critiques de la dernière révolution, ainsi que l'*Hymne à la Pologne*, par M. l'abbé de La Mennais. Cette production, la plus récente de cet illustre écrivain, était encore inédite en France.

PRIÈRE

PRONONCÉE DANS LES ÉGLISES DE VARSOVIE LE JOUR
DE L'ANNONCIATION, 25 MARS 1831.

Vierge Sainte ! douce Mère des mortels ! mil huit cent trente et une années se sont déjà écoulées depuis que votre oreille se réjouit d'entendre ces paroles prononcées par l'ange : *Vous enfanterez le Sauveur des nations.* Intercédez aujourd'hui pour que votre divin Fils envoie aussi un ange consolateur à ce peuple qui a été fidèle à sa loi depuis tant de siècles. Que la Pologne, qui vous appelle sa Reine, que la Pologne, qui fut si souvent le plus ferme appui de la chrétienté, redevienne florissante sous l'abri du saint Evangile, et soit aussi l'égide de la liberté des peuples. Vierge Sainte ! si le Tout-Puissant a décidé, dans sa sagesse profonde, que notre patrie toute chrétienne doit souffrir, comme votre divin Fils, la mort du martyre, que sa gloire fasse partie de la gloire éternelle du monde !

PRIÈRE

FAITE A VARSOVIE APRÈS LE PASSAGE DE LA VISTULE
PAR LES RUSSES, EN AOUT 1831.

Dieu de grande miséricorde, créateur du ciel et de la terre, notre père ! voici aux pieds de votre divine Majesté des enfans baignés de larmes, dernier débris d'un peuple que vous avez béni et aimé pendant tant de siècles. Prosternés dans la poussière, nous vous supplions, Seigneur, ne nous abandonnez pas, secourez-nous, relevez-nous ! Pendant quarante années, mon Dieu ! la Pologne a souffert les plus cruelles persécutions et la plus dure servitude, quoiqu'elle n'eût péché contre aucun de ses oppresseurs ; pendant quarante années elle a gémi dans les fers pour s'être reposée sur leur bonne foi. La sainte terre de nos aïeux, démembrée, mutilée, est devenue la proie de la honteuse avidité de nos voisins, le jouet de leurs insolentes trahisons. Mais vous, ô mon Dieu ! comme un père qui châtie ses enfans coupables, vous nous rappelez que quelques uns de nos frères dégénérés, dont le cœur avait été dépravé par l'amour de l'or et du pouvoir, n'ont pas moins contribué à ces trahisons, et vous nous accusez tous justement ; car, égarés par une confiance présomptueuse en notre valeur, nous ne vous avons pas invoqué, et nous avons oublié que nulle œuvre humaine ne peut réussir sans votre bénédiction, et que les monarques les plus puissans ne

sont qu'une misérable poussière devant la face de votre Majesté. Quarante années de larmes et de plaintes,
quarante années d'un esclavage pendant lequel nos bourreaux ont voulu
enchaîner notre conscience même sous
leur joug, afin d'extirper de notre cœur
cette foi de nos pères, dont le cri de
ralliement le plus chéri fut à travers
tous les siècles : DIEU ET LA PATRIE !
quarante années de chaînes imposées
même à nos lèvres, afin que dans son
sanctuaire même elles ne pussent prononcer le nom de notre mère chérie; quarante années d'une pénitence
inouïe : voilà l'expiation que nous venons vous offrir aujourd'hui, Seigneur,
en implorant votre miséricorde. Nous
vous l'offrons, ayant banni loin de
nous l'orgueil qui égare le débiteur
lorsqu'il croit avoir payé sa dette ; et

c'est avec l'humilité d'enfans dociles au châtiment, que nous rappelons à notre Père qu'il n'y a plus parmi nous de cœurs dépravés, que nous avons effacé nos fautes passées, et que nous sommes revenus avec une conscience libre dans le chemin des saints Commandemens. Déjà l'aigre cri des trompettes guerrières annonce à la pauvre Pologne l'heure de son jugement dernier! La terre gémit sous le poids du bronze ennemi prêt à lancer sur nous les foudres de la destruction. Il s'approche cet ennemi superbe qui se rit de la sainte protection dont vous honorez votre peuple fidèle, qui contemple avec mépris les larmes sanglantes de cette génération d'orphelins livrés sans pudeur à sa vengeance par tous les peuples et tous les rois; il s'approche, nous apportant d'une main le feu et la peste, et de l'autre des chaînes flétrissantes. A quelques pas de nous se dresse encore une poignée de Polonais intrépides, parce qu'ils ont confiance dans la justice de leur cause et dans vos secours, grand Dieu! C'est le dernier et sanglant débris de nos forces; ce sont nos derniers frères, nos dernières espérances!

Dieu des grandes miséricordes! Juge des grandes justices! nous nous élevons avec larmes vers toi pour la dernière fois! Sauvez-nous, ô Marie! mère de Dieu, vous que nos premiers patriarches ont proclamé leur Reine; vous que nos oppresseurs nous ont défendu d'invoquer sous ce nom, intercédez pour vos enfans! Reine de Pologne, élevez vos saintes prières pour le peuple que vous avez naguère tant aimé.

Ah! peut-être que dans ce moment même se pèsent nos destinées! peut-être a déjà sonné l'heure de notre salut ou de notre perte! Mais non; jamais celui pour qui vous intercédez, divine Marie, ne peut périr! La nation qui a mis sa confiance en Dieu ne mourra point.

Un rayon d'espérance perce à travers les ténèbres : c'est la main du Tout-Puissant qui guidera nos foudres! La Pologne sera délivrée : sa foi la sauvera. Son ennemi a déjà dépassé la mesure de ses cruautés. Un signe de vous, grand Dieu! suffira pour la sauver. Ah! ne refusez pas ce miracle, ne refusez pas ce signe à l'infortunée patrie de Mieczislas, qui lui a enseigné à proclamer votre Toute-Puissance et à s'abandonner à votre sainte volonté. Ainsi soit-il.

HYMNE

A la Pologne.

———

Dors, ô ma Pologne ! dors en paix
dans ce qu'ils appellent ta tombe ; moi,
je sais que c'est ton berceau.

Lorsque délaissée, trahie, rendue
de fatigue, épuisée de combats, ton
front pâlit, tes genoux chancelèrent,

ils tressaillirent d'une joie féroce, et poussèrent un long cri, un cri sauvage, aigu, comme le cri de l'hyène qui, la nuit, fait frissonner le voyageur sous sa tente.

Dors, ô ma Pologne, etc.

Tels que ces chevaliers qui sommeillent, revêtus de leur armure, sur les vieux tombeaux, le géant était là couché sur la terre ; ils jetèrent sur lui un peu de cette terre trempée de sang, et dirent : Il ne se réveillera plus.

Dors, ô ma Pologne, etc.

Tes fils dispersés ont porté dans le monde les récits merveilleux de ta gloire. Ils ont raconté comment, brisant le joug de tes oppresseurs, tu te levas, semblable à l'ange que Dieu envoie armé de son glaive, pour punir ceux qui se rient de la justice ; et le cœur des tyrans s'est troublé.

Dors, ô ma Pologne, etc.

Puis quand ils ont dit tout ce que virent tes yeux avant de se fermer, l'indomptable courage des hommes, l'héroïque fermeté des plus faibles femmes, l'ardeur sainte des jeunes vierges, le dévouement religieux des prêtres, les petits enfans mêmes se dégageant des bras de leurs mères, afin d'aller mourir pour toi ; les peuples émus ont baissé la tête et se sont pris à pleurer.

Dors, ô ma Pologne, etc.

Tant de sacrifices, tant de travaux doivent-ils être stériles ? Ces sacrés martyrs n'auraient-ils semé dans les champs de la patrie qu'un esclavage éternel ? En serait-il fait à jamais de cette patrie, vers laquelle encore se tournent de loin les regards des pauvres exilés ? N'en resterait-il qu'une fosse couverte d'un peu d'herbe? Ah! dites-le, dites-le-moi !

Dors, ô ma Pologne, etc.

Le lâche a égorgé en tremblant tes guerriers sans armes ; il a serré dans de vils fers leurs fortes mains ; il a eu peur des femmes, peur des enfans mêmes, et le désert a dévoré ceux qu'avait épargnés le glaive. Pendant qu'ils s'enfonçaient dans la solitude, ou que pêle-mêle on les jetait dans les abîmes de la terre, les murs des temples s'écroulaient sur les autels ensanglantés.

Dors, ô ma Pologne, etc.

Qu'entendez-vous dans ces forêts ? le murmure triste des vents. Que voyez-vous passer sur ces plaines ? l'oiseau voyageur qui cherche un lieu où se reposer. Est-ce là tout ? Non, je vois une croix : tournée vers l'orient, elle marque le point où le soleil se lève, et sur le soir on entend auprès des voix douces et mystérieuses.

Dors, ô ma Pologne, etc.

Regardez ! sur son front pâle, mais calme, est une confiance impérissable; sur ses lèvres un sourire léger. Qu'a-t-elle aperçu dans son sommeil ? Se-rait-ce un vain songe qui la trompe en fuyant ? Non, la Vierge divine qu'elle proclama sa reine, est descen-due d'en haut : elle a posé une main sur son cœur, et de l'autre écartant le voile de l'avenir, la Foi, debout

derrière ce voile, lui a montré la
Liberté.

Dors, ô ma Pologne ! dors en paix
dans ce qu'ils appellent ta tombe ; moi,
je sais que c'est ton berceau.

F. DE LA MENNAIS.

Rome, avril 1832.

FIN.

BIBLIOTHÈQUE IMPÉRIALE IMPR.

www.ingramcontent.com/pod-product-compliance
Ingram Content Group UK Ltd.
Pitfield, Milton Keynes, MK11 3LW, UK
UKHW022330090726
13658UKWH00001B/192